어휘가 보여야
문해력이 자란다

문해력 잡는 초등 어휘력

C-4 단계

· 초등 5~6학년 ·

초등교과서에 나오는 과목별 학습개념어 총망라
★ 문해력 183문제 수록! ★

아울북

문해력의 기본,
왜 초등 어휘력일까?

21세기 교육의 핵심은 문해력입니다. 국어 사전에 따르면, 문해력은 '문자로 된 기록을 읽고 거기 담긴 정보를 이해하는 능력'입니다. 여기에 더해 글을 비판적으로 읽고 자신만의 관점을 가지는 것 역시 문해력이지요. 그러기 위해서는 문장을 이루고 있는 어휘의 뜻을 정확히 알고, 해당 어휘가 글 속에서 어떤 역할을 하고 있는지 깨닫는 과정이 필요합니다.

초등학교 3~4학년 시절 아이들이 배우고 쓰는 어휘량은 7,000~10,000자 정도로 급격하게 늘어납니다. 그중 상당수가 한자어입니다. 그렇기에 학년이 올라가면서 교과서와 참고서, 권장 도서 들을 받아드는 아이들은 혼란스러워 합니다. 해는 태양으로, 바다는 해양으로, 세모는 삼각형으로, 셈은 연산으로 쓰는 경우가 부쩍 늘어납니다. 땅을 지형, 지층, 지상, 지면, 지각처럼 세세하게 나눠진 한자어들로 설명합니다. 분포나 소통, 생태처럼 알 듯 모를 듯한 어려운 단어들이 불쑥불쑥 등장하기 시작합니다.

우리말이니까 그냥 언젠가 이해할 수 있겠지 하며 무시하고 넘어갈 수는 없습니다. 초등학교 시절의 어휘력은 성인까지 이어지니까요. 10살 정도에 '상상하다'나 '귀중하다'와 같이 한자에서 유래한 기본적인 어휘의 습득이 마무리된다는 연구 결과를 내놓은 학자도 있습니다. 반대로 무작정 단어 뜻을 인터넷에서 검색하고 영어 단어를 외우듯이 달달 외우면 해결될까요? 당장 눈에 보이는 단어 뜻은 알 수 있지만 다른 문장, 다른 글 속에 등장한 비슷한 단어의 뜻을 유추하는 능력은 길러지지 않습니다. 문해력의 기초가 제대로 다져지지 않는다는 의미입니다.

결국 자신이 정확하게 알고 있는 단어를 통해 새로운 단어의 뜻을 짐작하며 어휘력을 확장시켜 가는 게 가장 좋습니다. 어휘력이 늘어나면 교과 개념을 정확하게 이해하고, 학습 내용도 빠르게 습득할 수 있지요. 선생님의 가르침이나 교과서 속 내용이 무슨 뜻인지 금방 알 수 있으니까요. 이 힘이 바로 문해력이 됩니다. 〈문해력 잡는 초등 어휘력〉은 어휘력 확장을 통해 문해력을 키우는 과정을 돕는 책입니다.

정춘수 기획위원

문해력 잡는 단계별 어휘 구성

〈**문해력 잡는 초등 어휘력**〉은 사용 빈도수가 높은 기본 어휘(씨글자)240개와 학습도구어와 교과내용어를 포함한 확장 어휘(씨낱말) 260개로 우리말 낱말 속에 담긴 단어의 다양한 뜻을 익히고 이를 통해 문해력을 키우는 프로그램입니다. 한자의 음과 뜻을 공유하는 낱말끼리 어휘 블록으로 엮어서 한자를 모르는 아이도 직관적으로 그 관계를 파악할 수 있습니다. 초등 기본 어휘와 어휘 관계, 학습도구어, 교과내용어 12,000개를 예비 단계부터 D단계까지 전 24단계로 구성해 미취학 아동부터 중학생까지 수준별 학습이 가능합니다. 어휘의 어원에 따라 자유롭게 어휘를 확장하며 다양한 문장을 구사하는 능력을 기르는 동안 문장 사이의 뜻을 파악하는 문해력은 자연스럽게 성장합니다.

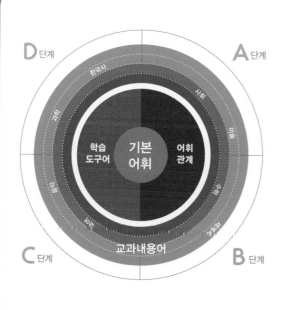

기본 어휘
초등 교과서 내 사용 빈노수가 높고, 일상적인 언어 활동에서 기본이 되는 어휘

어휘 관계
유의어, 반의어, 동음이의어, 도치어, 상하위어 등 어휘 사이의 관계

학습도구어
학습 개념을 이해하고 논리적으로 설명하는 과정에 쓰이는 도구 어휘

교과내용어
국어, 수학, 사회, 과학, 한국시, 예체능 등 각 교과별 학습 내용을 정확히 이해하는 데 필요한 개념 어휘

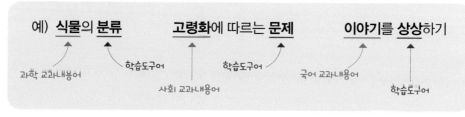

어휘력부터 문해력까지, 한 권으로 잡기

씨글자 | 기본 어휘

기본 어휘
하나의 씨글자를 중심으로
어휘를 확장해요.

씨낱말 | 학습도구어

확장 어휘 – 학습도구어
둘 이상의 어휘 블록을
연결하여 씨낱말을 찾고
어휘를 확장해요.

씨낱말 | 교과내용어

확장 어휘 – 교과내용어
둘 이상의 어휘 블록을
연결하여 씨낱말을 찾고
어휘를 확장해요.

어휘 퍼즐

어휘 퍼즐
어휘 퍼즐을 풀며 익힌 어휘를
다시 한번 학습해요.

종합 문제

종합 문제
종합 문제를 풀며
어휘를 조합해 문장으로
넓히는 힘을 길러요.

문해력 문제

문해력 문제
여러 어휘로 이루어진 문장의 의미를
파악하고 글의 맥락을 읽어 내는
문해력을 키워요.

1장

직진만 하는 엄마

進
나아갈 진

進 **나아갈 진**

- **직진**(直곧을직 進)
곧게 나아감
- **전진**(前앞전 進)
앞으로 나아감
- **후진**(後뒤후 進)
뒤로 나아감
- **진입**(進 入들입)
나아가 들어감
- **진출**(進 出날출)
범위를 넓혀 나아감

위 그림의 빈칸에 들어갈 말은 무엇일까요? (　　　)

① 전　　　　② 진　　　　③ 좌　　　　④ 우

정답은 ②번이에요. 좌회전은 왼쪽으로 돌라는 말인데, 곧장 앞으로 나아갔네요. 이렇게 곧장 앞으로 나아가는 것은 직진(直進)이에요. 그럼 구불구불 곡선처럼 가는 것은 곡진일까요?

하하, 그런 말은 없어요. 다음 빈칸을 채우면서 나아가는 것과 관련된 낱말들을 좀 더 알아봐요.

앞으로 나아가는 것은 전□, 뒤로 가는 것은 후□,
나아가 들어가면 □입, 범위를 넓혀 더 나아가면 □출이에요.

답은 모두 '진'이에요. 이렇게 진(進)은
나아간다는 뜻이에요. 잠깐! 진출이나
진입은 세력을 넓히거나 무슨 일을
시작한다는 뜻으로도 쓰여요. 시장 진출은
시장에서 물건을 팔기 시작했다는 말이죠.
시장 진입도 마찬가지이지요.

進 나아갈 진

- **진격**(進 **擊**공격할 격)
  나아가 공격함
- **추진**(推밀 추 進)
  밀어 앞으로 내보냄
- **급진**(急급할 급 進)
  급하게 나아감
- **진퇴양난**(進 退물러설 퇴
  兩두 량 難어려울 난)
  나아가는 것과 물러서는 것
  양쪽 다 어려운 처지
- **선진**(先먼저 선 進)
  남보다 앞서 나아감
- **매진**(邁힘쓸 매 進)
  힘써 앞으로 나아감
- **진취**(進 取가질 취)
  나아가 일을 이루어 냄

버퍼링 30%? 아하! 컴퓨터로 동영상을 보고 있는 중이군요.

버퍼링이 다 끝나면 무슨 대사가 나올까요? (   )

① 진단하라   ② 진격하라   ③ 진실하라   ④ 진취하라

정답은 ②번이겠죠? 진격은 앞으로 나아가 적과 부딪치며 용감히
싸운다는 뜻이죠. 추진은 밀고 나아간다는 뜻이고요.
하지만 공격 명령을 내릴 때 추진하라고 말하진 않지요.
추진은 로켓 추진처럼 물체를 밀어 앞으로 내보낸다는 뜻으로 주로
쓰이거든요. 급진은 급하게 나아간다는 뜻을 나타내요.

앞으로 나아가지도 못하고, 뒤로 물러설 수도 없을 때를 일컫
는 말은 다음 중 무엇일까요? (   )

① 임전무퇴   ② 진퇴양난   ③ 삼보일배   ④ 입서이조

정답은 ②번, 진퇴양난(進退兩難)이에요.
이러지도 저러지도 못하는 곤란한 지경에 빠졌을 때 써요.
그럼 빈칸을 채우면서 마저 읽어 볼까요?
남보다 앞서 나아가면 선□이라고 해요.
사회의 발전 수준이 높으면 선진적이라고 해요.
매□은 힘써 노력해서 나아가는 것이고,
□취는 나아가 일을 이루는 것이죠.

공부에 매진하다는 말은
공부에 힘써 앞으로
나아간다는 뜻이야.

공부에 힘써?

진행하면 나지.
엠시 유.

메뚜기 엠시가 엄청난 인기를 얻고 있어요. '엠시(MC)'를 우리말로 번역하면 무슨 뜻일까요?

맞아요. 진행하는 사람이니, 진행자(進行者)이지요. 행사나 오락 프로그램을 재미있고 자연스럽게 이끌어 가는 사람을 말하지요.

진행은 어떤 일이 순서대로 되어 가는 것을 뜻하거든요.

다음은 소설가 박완서 님의 《미망》이라는 작품에 나오는 글귀예요. 매우 더디게 걸은 탓에 생각보다 시간이 많이 걸렸음을 설명하고 있는 부분이지요.

그렇게 □□□□한 걸음인지라 송도까지 사흘이나 걸렸다.

위의 빈칸에 들어갈 말은 무엇일까요? (   )

① 진수성찬   ② 지피지기   ③ 경거망동   ④ 지지부진

정답은 ④번, 지지부진(遲遲不進)이에요. 느리고 또 느려서 일이 진행되지 않는다는 말이에요.

그럼 아래 빈칸에 들어갈 말은 무엇일까요? (   )
"경찰의 수사가 별다른 □□을(를) 보이지 못하고 있다."

① 진전   ② 진도   ③ 촉진   ④ 진행

정답은 ①번, 진전(進展)이에요. 일이 진행되어 발전하는 것을 뜻해요. 진전과 비슷한 말에 진척이 있어요. '일에 진척이 있다'라는 식으로 쓰지요. 진도는 일이 진행되는 정도라는 뜻이고요.

촉진은 재촉하여 일을 빨리 진행시킨다는 뜻이에요.

이렇게 진(進)에는 '진행하다'라는 뜻이 있어요.

進 진행할 진

■ **진행(進 行갈 행)**
일이 되어감

■ **진행자(進 行 者사람 자)**
= 엠시(MC)
프로그램이 잘 진행되게 만드는 사람

■ **지지부진**
(遲더딜 지 遲 不아니 부 進)
더디고 더뎌서 일이 진행되지 않음

■ **진전(進 展발전할 전)**
일이 잘 되어 발전함

■ **진척(進 陟나아갈 척)**
일이 잘 진행되어 나아감

■ **진도(進 度정도 도)**
일이 되어 가는 정도

■ **촉진(促재촉할 촉 進)**
일을 재촉하여 진행시킴

🔔 **엠시(MC)**
Master of Ceremonies의 약자예요. 의식이나 행사(ceremonies)를 이끌어 가는 사람(master)이란 뜻이죠.

進 오를 진

- **승진**(昇오를 승 進)
  더 높은 자리로 올라감
- **진급**(進 級계급 급)
  군대나 공무원 조직 등에서 계급이 올라감, 학교에서 학년이 올라감
- **진학**(進 學학교 학)
  더 높은 단계의 학교로 올라감
- **진사**(進 士선비 사)
  소과에 합격한 선비의 자리에 오른 사람
- **진상**(進 上위 상)
  윗사람에게 귀한 물품을 선물함
- **진상품**(進 上 品물거 품)
  진상하는 물품

지금보다 더 높은 자리로 올라가는 것을 승진(昇進)이라고 해요.

계급이나 학년이 올라가는 것은 진급이지요.

여기서 진(進)은 위로 올라간다는 뜻이에요.

초등학교를 졸업하면 중학교에 입학해요.

중학교를 졸업하면 고등학교에 들어가고요. 이처럼 상급 학교에 올라가 배우는 것을 무엇이라고 할까요?

진학(進學)이에요. 보다 높은 단계의 학교에 들어가 배우고 공부한다는 뜻이죠.

조선 시대에는 과거 시험을 보려면, 두 번의 예비 시험에 먼저 합격해야 했어요. 그것을 소과라고 해요. 그리고 소과의 2차 시험까지 합격한 사람을 진사라고 불렀어요. 선비 중에서도 시험에 합격한 선비의 자리에 오른 사람이라는 뜻이지요.

그러니까 그때는 아무나 '진사'라고 부르면 안 되었겠시요? 옛날에는 지방의 진귀한 물품이나 토산물을 임금과 높은 벼슬아치들에게 갖다 바쳤어요.

이것을 진상이라고 해요. 여기서 진(進)은 '선사하다', 즉 '선물하다'는 뜻이에요. 진상품은 진상하는 물품을 말하지요.

직 **진**	전 **진**	후 **진**	**진** 입	**진** 격	매 **진**
진 취	**진** 행	**진** 전	**진** 척	승 **진**	**진** 학

나아갈 진

직진

전진

후진

진입

진출

진격

추진

급진

진퇴양난

선진

매진

진취

1 공통으로 들어갈 한자를 따라 쓰세요.

직
전 ── 행 자 ── 進 ── 퇴 양 난
후

나아갈 **진**

입
출
격

2 어떤 낱말에 대한 설명인지 쓰세요.

1) 곧게 나아감 ➡ ☐☐

2) 밀어 앞으로 내보냄 ➡ ☐☐

3) 남보다 앞서 나아감 ➡ ☐☐

4) 일이 되어 감 ➡ ☐☐

5) 더 높은 자리로 올라감 ➡ ☐☐

3 알맞은 낱말을 찾아 문장을 완성하세요.

1) 아빠는 열심히 일에 ☐☐ 해 부장으로 승진하셨어.

2) 우리 기업들이 중국 시장에 성공적으로 ☐☐ 했어.

3) 고속 도로 ☐☐ 구간에서 사고가 발생했어.

4) 회의를 ☐☐ 하는 태도가 참 마음에 들지 않아.

4 문장에 어울리는 낱말을 골라 ○표 하세요.

1) 시금치는 칼슘과 철분이 많아 어린이의 성장을 (촉진 / 전진)한대.

2) 저 엠시는 프로그램 (진출 / 진행)을 정말 잘하는 것 같아.

3) 이번 사업도 빠른 (진격 / 진전)을 보이고 있으니 다행이야.

4) 임금님께 (진척 / 진상)할 물건이니 특별히 귀하게 다루어라.

5 밑줄 친 낱말의 뜻이 <u>다른</u> 하나를 고르세요. (   )

① <u>진</u>척   ② <u>진</u>행   ③ <u>진</u>실   ④ <u>진</u>도

6 그림을 보고, 빈칸에 들어갈 알맞은 낱말을 쓰세요.

진행

진행자

엠시(MC)

지지부진

진전

진척

진도

촉진

승진

진급

진학

진사

진상

진상품

감정은 표정에 다 드러나

情 마음 정

위 그림에서 각각의 얼굴은 어떤 '감정'을 나타내고 있을까요?
감정은 무언가를 느껴서 일어나는 마음이에요. 감정에는 슬픔, 기쁨, 화냄, 즐거움, 놀라움, 미움, 두려움 등이 있지요.
감정이 얼굴에 드러난 것은 표정이라고 해요. 그래서 표정도 감정만큼 다양하지요.
이렇게 정(情)은 마음이나 느낌을 나타내는 말이에요.
그럼 우리가 흔히 쓰는 정이 가다라는 말은 무슨 뜻일까요?
맞아요. 마음이 끌린다는 말이에요. 예쁘고 착한 아이를 보면 왠지 마음이 끌리잖아요. 이렇게 정(情)이 홀로 쓰일 때는 특히 친근한 감정을 나타내거든요. 사랑이나 친근함을 느끼는 마음이지요.

물건이든 사람이든 오랫동안 함께 있어서 친근하게 느끼는 마음이 있으면 뭐라고 할까요? (　　　)

① 정이 가다　　　② 정이 들다　　　③ 정이 오다

정답은 ②번, 정이 들다예요.
사랑하고 친근하게 여기는 마음이 내 안에 들어왔다는 뜻이지요.

情 마음 정

■ **감정**(感느낄감 情)
무언가를 느껴 일어나는 마음

■ **표정**(表나타날표 情)
감정이 얼굴에 나타나는 것

■ **정**(情)**이 가다**
마음이 끌리다

■ **정**(情)**이 들다**
사랑하고 친근하게 여기는
마음이 생기다

🔔 **정나미**
'정이 남은 것'이라는 뜻이에요. 그래서 정나미가 떨어졌다고 하면 남아 있는 정까지 다 떨어져 버렸다는 뜻이지요.

물에 열을 가하면 뜨겁게 끓어오르죠? 마음도 마찬가지예요.
열정(熱情)은 무언가를 향해 뜨겁게 끓어오르는 마음이에요. 열중하는 마음이지요. 열정과 비슷한 말인 정열은 마음속에서 적극적으로 일어나는 불같은 마음이에요. 반면에 열이 식어 버리면 차가워지겠죠?

이렇게 차가워진 마음을 뭐라고 할까요? ( )
① 냉정   ② 심정   ③ 진정   ④ 동정

정답은 ①번, 냉정이에요. 냉정은 생각이나 행동이 감정에 좌우되지 않고 침착한 마음을 뜻해요. 마음속에 품고 있는 생각이나 감정은 심정(心情), 그중에서도 참된 마음은 진정(眞情)이고요.

동정은 같은 마음이에요. 다른 사람의 처지를 나의 일처럼 느끼는 마음이지요. 하지만 이건 정말 어려운 일이에요. 그보다는 서로 마음이 어긋나기가 쉽죠. 마음이 어긋나면 화가 나게 돼요.
'역정을 내다'는 화를 내다는 말의 높임말이에요.
계속해서 마음에 거슬리는 일이 생기면 정서적으로 우울해지기 쉬워요. 정서(情緒)는 갖가지 감정이 일어나는 실마리라는 뜻이에요.
기쁜 정서는 기쁜 감정이 일어날 실마리이죠. 기쁜 감정을 불러일으키는 것을 말해요.
정서적으로 우울하다는 것은 우울한 감정에 잘 빠진다는 거예요.

情 마음 정

- **열정(熱**뜨거울 열 **情)**
  뜨거운 마음
- **정열(情熱)**
  마음속에서 적극적으로 일어나는 불 같은 마음
- **냉정(冷**차가울 냉 **情)**
  차가운 마음
- **심정(心**마음 심 **情)**
  마음에 품고 있는 생각이나 감정
- **진정(眞**참 진 **情)**
  진짜 마음
- **동정(同**같을 동 **情)**
  남의 처지를 나의 일처럼 느끼는 마음
- **역정(逆**거스를 역 **情)**
  마음이 어긋남, 웃어른이 화를 냄
- **정서(情 緒**실마리 서**)**
  갖가지 감정이 일어나는 실마리
- **정서적(情緒 的**~하는 적**)**
  어떤 정서를 불러일으키는, 또는 그린 정서 상태에 자주 놓이는

情 　친근한 마음 **정**

- **정(情)답다**
  친근하고 따뜻하다
- **다정(多 많을 다 情)**
  친근한 마음이 많음
- **다정다감(多情多感 느낄 감)**
  정도 많고 감정도 풍부함
- **인정(人 사람 인 情)**
  사람에게 다정한 마음
- 🔔 **몰인정**
  인정이 없는 것은 몰인정(沒 없을 몰 人情)하다고 해요. 몰(沒)은 전혀 없다는 뜻이지요. '몰상식', '몰가치'처럼 써요.
- **정담(情 談 이야기 담)**
  정답게 주고받는 이야기
- **정감(情 感 느낄 감)**
  정답고 따뜻한 마음
- **정경(情 景 경치 경)**
  따뜻하고 친근한 경치
- 🔔 **슈만의 〈어린이의 정경〉**
  슈만이 어린 시절을 떠올리면서 작곡한 13곡의 피아노 곡들을 말해요. 아이들이 뛰노는 친근한 풍경을 연상시킨다고 해서 '정경'이라는 제목이 붙었지요.

정답게 말하고 있는 것은 당근 쪽인가요, 비둘기 쪽인가요?
그래요. 당근 쪽이에요. 정답게 말하는 것은 친근하고 따뜻하게 말하는 거예요. 상대방을 밀쳐 내는 말은 정다운 말이 아니지요.

그럼 따뜻해서 정이 많은 사람은 뭐라고 할까요? (　　)

① 인정 없는 사람　　　② 다정한 사람

답은 ②번, 다정(多情)한 사람이에요. 비슷한 말로 다정다감한 사람이라고 하지요. 정도 많고 감정도 풍부한 사람이라는 뜻이에요.
특히 사람에게 다정한 마음을 베풀면 인정(人情)이 많다고 해요.
인정은 사람에게 따뜻하고 친근하게 대하는 마음이지요.
이제, 다음 빈칸을 채워 보세요.
정답게 주고받는 이야기는 ☐담,
친구 사이에 느끼는 정답고 따뜻한 마음은 ☐감이에요.
빈칸을 채워 완성되는 낱말은 정담과 정감이지요.

오른쪽에 아이들이 뛰노는 그림을 보세요.
어딘가 모르게 따뜻하고 친근한 느낌이
들지 않나요?
이런 것을 정겨운 풍경이라고 해요.
줄여서 말할 때는 정경(情景)이고요.

사정(事情)은 일의 형편을 뜻해요. 여기서 정(情)은 형편이라는 뜻을 가지고 있어요. 그러니까 사정하다는 일의 형편을 알리고 무언가를 부탁하는 거예요.

정세는 일이 되어 가는 형편이나 기세를 뜻해요. 국내 정세, 국제 정세처럼 쓰지요.

한편, 형편이나 사정을 알려 주는 것은 정보(情報)예요. 정보는 관찰하거나 측정한 것을 정리한 자료이지요.

정보망은 정보를 수집·전달하는 그물 같은 조직이에요. 또한 정보망은 정보를 얻거나 전달할 수 있는 모든 방법을 말해요. 인터넷뿐 아니라 정보를 알고 있는 사람들, 감시 카메라 등도 정보망이라고 할 수 있어요. 정보를 수집하려면 이런 정보망을 먼저 만들어야겠죠.

정보 기관은 정보망을 만들어 국내외의 정보를 수집·처리하고, 알리고, 통제하는 등의 업무를 전문적으로 하는 국가 기관이에요.

情 형편 정

사정(事일 사 **情)**
일의 형편

사정(事情)하다
일의 형편을 알리고 무언가를 부탁하다

정세(情 勢기세 세**)**
일이 되어 가는 형편이나 기세

정보(情 報알릴 보**)**
사정을 알림

정보망(情報 網그물 망**)**
정보를 수집하고 전달하는 그물 같은 조직

정보(情報) 기관
국가에서 필요로 하는 정보를 수집하고 분석하고 평가하는 곳

🔔 **정상 참작**

정상(情 狀모습 상)은 일이 되어 가는 형편과 모습을 뜻해요. 법률 용어로 쓰이며 '사정'을 뜻하고요. 정상을 헤아려 처벌을 가볍게 해 주는 것을 정상 참작(參참고할 참 酌헤아릴 작)이라고 해요.

情
마음 정

감정

표정

정이 가다

정이 들다

정나미

열정

정열

냉정

심정

진정

동정

역정

정서

정서적

정답다

❶ 공통으로 들어갈 한자를 따라 쓰세요.

감
표   서 적   情   다   다 감   서
열   마음 정   감
                                        경

❷ 어떤 낱말에 대한 설명인지 쓰세요.

1) 뜨겁게 끓어오르는 마음 ➡ ☐☐

2) 일이 돌아가는 형편과 기세 ➡ ☐☐

3) 갖가지 감정이 일어나는 실마리 ➡ ☐☐

4) 정감을 불러일으키는 경치 ➡ ☐☐

5) 진짜 마음 ➡ ☐☐

❸ 알맞은 낱말을 찾아 문장을 완성하세요.

1) 참, 사람이 말하는 게 예뻐서 만날수록 ☐ 이(가) 가네.

2) 나는 싫어하는 감정이 얼굴 ☐☐ 에 그대로 드러나서 난처해.

3) 연이어서 시험을 망친 내 ☐☐ 을(를) 누가 알까?

4) 나의 진심을 정말 ☐☐ 하게도 뿌리치는군.

4 문장에 어울리는 낱말을 골라 ○표 하세요.

1) 자수를 한 범죄자는 (정열 / 정상)이 참작된다.

2) 우리 집 형편이 어렵다고 (동정 / 역정)할 필요는 없어.

3) 너의 (다정 / 진정)한 마음을 말해야 상대방이 신뢰할 수 있어.

4) 그녀는 슬픈 (감정 / 열정)을 누르지 못하고 울음을 터뜨렸어.

5 밑줄 친 낱말의 뜻이 <u>다른</u> 하나를 고르세요. (   )

① 감정   ② 표정   ③ 냉정   ④ 정지

6 빈칸에 공통으로 들어갈 알맞은 낱말을 쓰세요.

| 다정 |
| 다정다감 |
| 인정 |
| 몰인정 |
| 정담 |
| 정감 |
| 정경 |
| 사정 |
| 사정하다 |
| 정세 |
| 정보 |
| 정보망 |
| 정보 기관 |
| 정상 참작 |

움직이는 바닷물이 만든 갯벌

갯벌

바닷물이 밀려가고 난 뒤 검은 진흙 속에서 지렁이가 나왔네요?

이 지렁이의 이름은 무엇일까요? (   )

① 바다 지렁이   ② 물지렁이   ③ 갯지렁이   ④ 짠지렁이

정답은 ③번, 갯지렁이에요. 바닷물이 드나드는 땅의 이름이 바로 갯벌이거든요. 갯벌의 '벌'은 넓은 벌판의 벌이고, '갯'은 바닷물이 드나드는 곳을 뜻하는 말이에요.

그래서 갯벌에 사는 지렁이도 갯지렁이지요. 갯고둥, 갯장어, 갯강구도 갯벌에 사는 주민들이에요. 이렇게 바닷물이 드나드는 곳에 있으면 '갯'이란 말이 붙어요. 빈칸을 채우며 계속 읽어 보세요.

바닷물이 드나드는 곳에 있는 바위는 ☐바위,
바닷물이 드나드는 곳의 가장자리나 주변은 ☐가,
바닷물이 드나드는 주변에 자리 잡은 마을은 ☐마을이라고 해요.

갯

바닷물이 드나드는 곳

▶ 갯벌
바닷물이 드나드는 벌판

▶ 갯지렁이
갯벌에 사는 지렁이

▶ 갯고둥
갯벌에 사는 고둥

▶ 갯장어
갯벌이나 연안에 사는 장어

▶ 갯강구
갯벌에 사는 벌레의 종류

▶ 갯바위
바닷물이 드나드는 곳에 있는 바위

▶ 갯가
바닷물이 드나드는 가장자리

▶ 갯마을
바닷물이 드나드는 주변에 자리 잡은 마을

바닷물을 움직여 갯벌이 나타났다 없어졌다 하게 만드는 힘은 무엇일까요? (   )

① 바람의 힘   ② 지구가 도는 힘   ③ 달이 당기는 힘

정답은 ③번이에요. 달이 당기는 힘은 뭘까요?

모든 물체에는 서로를 당기는 힘이 있어요. 이것을 만유인력이라고 해요. 지구와 달도 서로 당기고 있거든요.

지구가 달보다 큰 힘으로 당기기 때문에 달은 지구를 따라다녀요. 하지만 달이 당기는 힘도 지구에 영향을 주지요. 바로 바닷물을 밀고 당기는 건 달의 힘이 작용하는 거예요.

(그림 1)   (그림 2)

자, 우리는 깃발이 있는 지점에 있어요. 달이 우리가 있는 방향에서 바닷물을 당기면, 바닷물이 우리 쪽으로 밀려 올라오겠죠? 그럼 그림 1처럼 밀물이 돼요. 반대로 달이 우리가 있는 지점과 다른 방향에서 바닷물을 당기면 그림 2처럼 바닷물이 끌려가서 썰물이 되지요.

밀물이 가장 높이 차오른 때를 한자어로 뭐라고 할까요? (   )

① 민물   ② 만수   ③ 만조   ④ 만류

정답은 ③번이에요. 물이 가득 차올라오니까, '찰 만(滿)'과 '바닷물 조(潮)'를 써서 만조라고 해요. 썰물이 일어나 바닷물이 제일 낮을 때는 '마를 간(干)'을 써서 간조라고 하지요.

■ **만유인력**(萬 모두 만 有 있을 유 引 당길 인 力 힘력)
모든 물체가 서로 당기는 힘

■ **밀물**
달의 힘으로 바닷물이 육지로 밀려와 해수면이 상승하는 현상

■ **썰물**
달의 힘이 바닷물을 당겨 해수면이 하강하는 현상

■ **만조**(滿 찰 만 潮 바닷물 조)
밀물이 가장 높은 해면까지 꽉 차게 들어오는 때

■ **간조**(干 마를 간 潮)
바닷물이 빠져나가 해수면이 가장 낮은 때

🔔 **개흙과 개펄**
갯벌에는 노란 모래도 있고, 검은 개흙이 있을 수도 있어요. 개흙은 검고 진득한 흙을 말하고, 개펄은 개흙이 깔린 벌판을 말하지요.

潮 바닷물 조

■ 조차(潮 差차이 차)
밀물과 썰물의 높이 차

■ 조수(潮 水물 수)
밀물과 썰물

■ 조류(潮 流흐를 류)
밀물과 썰물 때문에 일어나는
바닷물의 흐름

바닷물이 갈라지면서 섬까지 가는 길이 열렸네요. 그 이유는 갯벌이 생기는 이유와 같아요. 밀물 때와 썰물 때의 바닷물 높이 차로 길이 나타났다가 없어졌다 하는 거죠.

밀물과 썰물의 높이 차이를 가리키는 말은? (   )

① 고차   ② 길차   ③ 조차   ④ 해차

밀물 때 물 높이
조차
썰물 때 물 높이

조금 어렵지요? 정답은 ③번 조차예요.
그런데 왜 ④번 해차는 답이 안 될까요? 해(海)도 바닷물을 뜻하는데 말이죠. '바다 해(海)' 자는 바다 전체를 말하거나 움직이지 않는 바닷물을 뜻하고, '바닷물 조(潮)'는 움직이는 바닷물을 뜻하기 때문이에요. 그래서 바닷물을 떠서 만든 목욕탕을 '해수탕'이라고 말하지, '조수탕'이라고는 하지 않아요.
움직이는 바닷물이 들어간 다른 낱말을 완성해 볼까요?
밀물과 썰물을 합쳐서 □수라고 해요.
밀물과 썰물로 생기는 바닷물의 흐름은 □류라고 하고요.
밀물과 썰물의 물 높이 차이는 조차, 혹은 □수의 차예요.
간조와 만조를 써서 표현하면 간만의 차,
또는 □수 간만의 차라고 해요.
달이 하루, 보름 간격으로 움직이니 조차도 이에 따라 변해요. 이걸 기록해 놓은 것을 조석표라고 해요. 알아 두면 바닷가에 놀러갈 때 유용하겠죠?

■ 간만(干마를 간 滿가득찰 만)
의 차
= 조수 간만의 차
간조와 만조의 차이

■ 조석표(潮아침 바닷물 조
汐저녁 바닷물 석 表표표)
밀물과 썰물의 높이와 시각을
알려 주는 표

월령	날짜	h:m (height)	h:m (height)
◐	1	02:36(95) ▼	08:32(313) ▲
	2	03:05(110) ▼	09:00(300) ▲

조석표

간척지(干 拓넓힐척 地땅지)
바다나 호수에 둑을 쌓아 물을
말려 넓힌 땅

방조제(防막을방 潮 堤둑제)
바닷물을 막은 둑

방파제(防 波파도파 堤)
파도를 막은 둑

하굿둑(河강물하 口어귀구)
강물이 바다로 흘러 들어가는
어귀에 세운 둑. 밀물 때 밀려
올라오는 짠 바닷물의 피해를
막기 위해 세운 것

이렇게 갯벌을 막아 넓힌 땅의 이름은 무엇일까요?　　　(　　)

① 신도시　　② 개최지　　③ 개간지　　④ 간척지

정답은 ④번이에요. 둑을 쌓아 안에 있는 물을 말려 버리고 넓힌 땅이라는 뜻에서, '마를 간(干)'과 '넓힐 척(拓)'을 합쳐서 간척지라고 해요. 이렇게 간척지를 만들기 위해 바닷물을 막은 둑을 방조제라고 해요. 바닷물을 막은 둑이라는 뜻이죠.

큰 파도를 막기 위한 방파제하고는 다른 것이니 헷갈리지 마세요.

간척지를 만들면 국토가 늘어나 농사를 짓거나 건물을 지을 수 있지만, 생태계가 파괴되고 갯벌이 우리에게 주는 이로운 점을 놓치게 되지요.

갯벌에는 바닷물이 드나들잖아요. 바닷물은 짠물이라서 농사를 지을 수 없어요. 그래서 밀물 때 강으로 짠물이 올라오는 피해를 막기 위해 하굿둑을 세우기도 해요.

갯벌에 양식장을 만들어 김이나 굴·조개 등을 얻거나, 염전을 만들어 소금을 얻기도 하지요.

🔔 **염전**

소금이 나는 밭이 염전(鹽소금염 田밭전)이에요. 바닷물을 모아 가두었다가 햇볕에 물을 증발시켜 소금을 얻게 되지요.

갯벌	갯지렁이	갯장어	갯가	갯마을
만조	간조	조차	조수	조류	간만

갯벌

갯

갯벌

갯지렁이

갯고둥

갯장어

갯강구

갯바위

갯가

갯마을

만유인력

밀물

썰물

만조

1 공통으로 들어갈 낱말을 쓰세요.

• 자연 방파제 역할을 해서 태풍, 해일의
피해를 줄여 주는 □□
• 다양한 수산 자원을 제공해 주는 □□

→ □□

2 어떤 낱말에 대한 설명인지 쓰세요.

1) 파도를 막는 둑 → □□□

2) 바닷물을 막는 둑 → □□□

3) 바닷물의 흐름 → □□

4) 밀물과 썰물 → □□

5) 밀물과 썰물의 높이 차이 → □□

3 알맞은 낱말을 찾아 문장을 완성하세요.

1) 갯고둥은 □□에 살아.

2) 새만금은 갯벌이던 곳을 막아 넓혀 만든 □□□야.

3) 밀물과 썰물의 높이와 시각을 알려 주는 표는 □□□야.

4) 바닷물이 밀려가고 난 뒤 검은 진흙 속에서 □지렁이가 나왔어.

4 문장에 어울리는 낱말을 골라 ○표 하세요.

1) 우리나라에서는 황해안과 남해안에 (간척지 / 갯마을)을(를) 많이 만들었어.

2) 밀물 때 올라오는 짠 바닷물의 피해를 막기 위해 (조석표 / 하굿둑)을(를) 세웠어.

3) 갯벌이 나타났다 없어졌다 하게 만드는 힘은 바닷물을 당기는 (만유인력 / 조수 간만) 때문이야.

4) (간조 / 만조) 때에는 갯벌에서 조개나 게를 잡을 수 있어.

5 밑줄 친 낱말의 뜻이 <u>다른</u> 하나를 고르세요. (   )

① <u>갯</u>바위   ② 번<u>갯</u>불   ③ <u>갯</u>마을   ④ <u>갯</u>바람

6 그림을 보고, 빈칸에 들어갈 알맞은 낱말을 쓰세요.

1)

시금은 ☐ 물

2)

이번에 ☐ 물

| 씨글자 기본어휘 | 화환을 목에 걸고 브이(V)를 |

環
고리 환

자, 화환을 걸고.

그건 화환이 아니잖아.

각종 경기나 대회의 수상자에게는 트로피와 화환이 주어져요.

화환은 꽃을 모아 고리같이 둥글게 만든 거예요.

여기서 환(環)이 고리나 고리처럼 생긴 모양을 뜻하거든요.

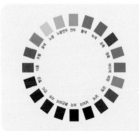

왼쪽 그림처럼 서로 마주 보도록 색을 둥글게 배열한 고리 모양의 도표를 무엇이라고 할까요? (   )

① 색상표   ② 색상환   ③ 색상띠

이렇게 생긴 것도 화환이에요. 고리를 겹쳐 놓은 모양이니까요.

정답은 ②번, 색상환이에요. 색상환에서 서로 가까이 있는 색일수록 색상의 성질이 비슷해요. 반대편에 있는 색상끼리는 성질이 반대이지요.

달이 태양을 가리는 현상을 뭐라고 할까요?

맞아요. 일식이에요. 그런데 왼쪽 사진처럼 달이 태양의 한복판을 가리고 둘레를 가리지 못하여 태양이 꼭 금반지 모양으로 보일 때가 있어요.

이렇게 금반지 모양으로 보이는 일식을 금환 일식이라고 하지요.

반지도 고리처럼 생겨서 '환' 자를 써요.

環 고리 환

■ 화환(花꽃 화 環)
꽃을 모아 고리처럼 만든 것

■ 색상환(色색깔 색 相서로 상 環)
서로 마주 보도록 색을 둥글게 배열한 고리 모양의 도표

■ 금환 일식(金쇠 금 環 日해 일 蝕가릴 식)
해를 가려 금반지 모양으로 만드는 일식

24

고리 모양을 이루며 둘러싸고 있는 것도 환(環)이라고 해요.

태평양을 고리 모양으로 둘러싸고 있는 지역을 환(環)태평양 지역
이라고 불러요. 우리나라는 어디 있는지 찾아보세요. 우리나라는
환태평양 지역에 있나요? 네. 맞아요. 그래서 우리나라를 '환태평
양 국가'라고 말해요. 환태평양 지역에 있는 나라들을 환대평양 국
가라고 하거든요. 그렇다면 다음 빈칸에 들어갈 말은 무엇일까요?

> 한국의 동해를 둘러싸고 있는 나라들은 '☐동해권 국가'예요.

빈칸에 들어길 말은 '한'이겠죠? 동해를 둘러싸고 있는 지역이라서
환동해권이라고 불러요. 권(圈)은 일정한 범위에 들어가는 지역을
뜻하고요.

> 그럼 다음 중 환동해권 국가가 <u>아닌</u> 곳은 어디일까요? (   )
>
> ① 러시아   ② 중국   ③ 일본   ④ 미국

정답은 ④번, 미국이에요. 미국은 태평양 너머라 동해에서 너무 멀
리 떨어져 있으니까요. 환동해권에 있는 나라들은 지리적으로 가까
워서 매우 밀접한 관계에 있어요.
환동해권 국가들이 모여서 경제 발전을 위해 시로 협력하자고 만든
것이 바로 환동해 경제권이지요.

🔔 '환태평양 조산대'는 태평
양을 둘러싸고 있으면서 조산
운동이 활발하게 일어나는 지
역이에요. 여기서는 유난히 지
진과 같은 조산 운동이 자주 일
어나지요.
조산 운동은 땅이 갈라지거나
산맥이 생기는 것처럼 지구의
표면이 운동하는 것을 말해요.

環 고리 환

■ **환(環)태평양 지역**
태평양을 고리 모양으로 둘러
싸고 있는 지역
■ **환(環)태평양 국가**
환태평양 지역에 들어 있는 나라
■ **환동해권(環 東동쪽 동 海바
다 해 圈지역 권)지역**
한국의 동해를 둘러싸는 범위
안에 들어가는 지역
■ **환(環)동해 경제권**
환동해권 국가들이 경제 발전
을 위해 시로 협력하는 지역

환동해권 국가

지하철 순환선을 타본 적이 있나요?

한 바퀴 돌아 출발한 역으로 되돌아오는 열차를 순환선이라고 해요. 서울에는 서울의 바깥 지역을 따라 한 바퀴 돌 수 있는 서울 외곽 순환 고속도로도 있지요.

이처럼 순환은 고리 모양으로 한 바퀴 돌아 다시 원래의 자리로 오는 걸 말해요. 환(環)에는 '돌다'라는 뜻도 있거든요.

서울 외곽 순환 고속도로 노선도

環　돌 환

- **순환**(循빙빙돌 순 環)
빙 돌아 제자리로 오는 것, 일이 되풀이되는 것
- **순환선**(循環 線노선 선)
한바퀴 돌아 출발한 곳으로 돌아오는 열차나 도로
- **악순환**(惡나쁠 악 循環)
나쁜 일이 되풀이되는 것
- **선순환**(善좋을 선 循環)
좋은 일이 되풀이되는 것
- **순환계**(循環 系계통 계)
우리 몸을 순환하는 액체를 공급하는 조직 계통
- **순환기**(循環 器기관 기)
순환계에 속하는 기관

다음 설명을 읽고, '순환'에 해당하지 <u>않는</u> 것을 고르세요. (　　)

① 봄 – 여름 – 가을 – 겨울 – 봄 : 계절의 순환
② 아빠 – 엄마 – 오빠 – 나 – 동생 : 가족의 순환
③ 바다 – 구름 – 비 – 냇물과 강 – 바다 : 물의 순환

네, 정답은 ②번이에요. 아빠가 한 바퀴 돌아 동생이 되진 않잖아요. 또, 순환에는 어떤 일이 되풀이된다는 뜻도 있어요.

그럼 나쁜 일이 되풀이되는 것을 뭐라고 할까요? (　　)

① 악순환　　② 비순환　　③ 불순환　　④ 오순환

정답은 ①번, 악순환(惡循環)이에요.

늦잠 잔 날은 밤에 잠이 오지 않아 늦게 자기 마련이에요. 그럼 다음 날 또 늦잠을 자게 되지요.

늦잠의 악순환이겠지요? 악순환의 반대말은 선순환이에요.

일찍 자고 일찍 일어나는 건 선순환이지요.

우리 몸속을 순환하는 것도 있어요. 몸 구석구석을 돌면서 영양분을 전하고, 노폐물을 없애 주는 혈액과 림프액이에요. 이들의 순환과 관계있는 조직을 통틀어 순환계라고 불러요.

그리고 순환계에 속하는 기관은 순환기예요. 혈액을 공급하는 심장이 대표적인 순환기이지요.

"꽃으로 달리는 자동차"

유채 기름으로 만든 바이오 디젤을 생산하는 농민 김부영 씨는 이렇게 말한다. "유채 기름을 넣어도 석유와 똑같이 달릴 수 있습니다. 엔진 소음도 훨씬 적고 매연도 거의 나오지 않아요. 우리 집 경운기, 트랙터는 물론이고 보일러도 다 유채 기름으로 돌아가요."

'꽃으로 달리는 자동차'라니, 환경에 해를 끼치지 않겠네요.
이러한 기술을 친환경적 기술이라고 해요. 친환경은 환경과 친하다, 즉 환경에 해를 끼치지 않는다는 말이죠.

환경은 생물을 둘러싼 주변 상황을 뜻해요. 생물에 직접 또는 간접적으로 영향을 주는 자연 조건을 말하는 것이지요. 그래서 환경이라면 보통 자연환경을 가리켜요.

플라스틱 그릇에서 환경 호르몬이 나온다는 뉴스를 들어 본 적이 있지요? 환경 호르몬은 환경에 좋은 호르몬일까요? 아니에요.
환경 호르몬은 환경 오염 때문에 생겨난 가짜 호르몬을 말해요.
몸에 해로운 화학 물질이 우리 몸속으로 들어와 마치 호르몬처럼 행동하는 것이죠.

원래 호르몬은 신체 조직이나 기관이 제대로 작용할 수 있도록 도와주는 물질이에요. 그런데 환경 호르몬이 들어와 잘못된 신호를 보내면, 신체 조직이나 기관이 정상적으로 작용할 수 없겠지요?

環 둘러쌀 두를 환

- **환경(環 境지경 경)**
주변의 상황, 생물을 둘러싼 자연 조건이나 상황

- **친환경(親친할 친 環境)**
환경에 해를 끼치지 않는

- **자연환경(自 스스로 자 然그럴 연 環境)**
생물에 직·간접적으로 영향을 주는 자연조건

- **환경(環境) 호르몬**
환경 오염으로 생겨난 가짜 호르몬

🔔 **환경**
환경은 교육 환경, 가정 환경과 같이 사회적 상황을 말하기도 하고, 환경 미화처럼 생활하는 곳의 주변 상태를 뜻하는 말로도 쓰여요.

環
고리 환

화환

색상환

금환일식

**환태평양
지역**

**환태평양
국가**

환동해권

**환동해
경제권**

순환

순환선

1 공통으로 들어갈 한자를 따라 쓰세요.

화
순
금 일 식
環
자 연 경
순 선
악 순

고리 환

2 어떤 낱말에 대한 설명인지 쓰세요.

1) 꽃을 모아 고리같이 둥글게 만든 것 ➡ ☐☐

2) 색을 둥글게 배열한 고리 모양의 도표 ➡ ☐☐☐

3) 나쁜 일이 끊임없이 되풀이되는 것 ➡ ☐☐☐

4) 한 바퀴 돌아 출발한 곳으로 돌아오는 열차나 도로 ➡ ☐☐☐

5) 한국의 동해를 둘러싸는 범위 안에 들어가는 지역 ➡ ☐☐☐☐

3 알맞은 낱말을 찾아 문장을 완성하세요.

1) 1등을 한 선수에게 트로피와 생화로 만든 예쁜 ☐☐ 이(가) 수여 되었어.

2) 할머니는 혈액 ☐☐ 이(가) 잘 안 되셔서 손발이 저리다고 하셔.

3) 조금 비싸더라도 ☐☐☐ 농산물을 사야지.

4) 어려운 가정 ☐☐ 에서도 훌륭하게 자라난 저 청년을 봐.

4 문장에 어울리는 낱말을 골라 ○표 하세요.

1) 우리나라 동해를 둘러싸고 있는 중국, 일본은 (환동권 / 환동해권) 국가야.

2) 환동해권 국가들이 모여 경제 발전을 위해 서로 협력하자고
   (환동해 경제권 / 환동해 경영권)을 만들었어.

3) 계절은 매년 봄, 여름, 가을, 겨울… 이렇게 (순환 / 상환)해.

4) 1주일 내내 잠을 늦게 잤더니 늦잠의 (악순환 / 선순환)이 되었어.

악순환
선순환
순환계
순환기
환경
친환경
자연환경
환경 호르몬

5 빈칸에 공통으로 들어갈 알맞은 낱말을 고르세요. (　　　)

친□□　　　□□ 호르몬　　　가정□□　　　□□ 미화

① 순환　　　　② 화환　　　　③ 환경　　　　④ 성장

6 사진을 보고, 빈칸에 들어갈 알맞은 낱말을 고르세요. (　　　)

① 색환　　　② 금환

③ 순환　　　④ 화환

□□ 일식

위 그림의 빈칸에 공통으로 들어갈 말은 무엇일까요? (　　　)

① 해삼　　　② 해결　　　③ 해변　　　④ 해법

너무 쉬웠나요? 정답은 ②번이죠.

해결(解決)은 얽힌 일을 푸는 거예요.

해결하는 사람은 해결사,

해결을 위한 내책은 해결책,

해결하는 방법은 해법이시요.

해(解)는 소(牛)와 뿔(角) 그리고 칼(刀)로 이루어진 글자예요. 소의 뼈와 살을 깨끗이 잘 처리한다는 데서 나온 말이에요. 그래서 '풀다'라는 뜻을 나타내요.

아기 낳는 것을 우리말로는 '몸을 풀다'라고 표현하잖아요.

한자어로는 해산(解産)이에요. '산'이 낳다는 뜻이거든요.

해빙(解氷)은 얼음이 풀려서 녹는 걸 말해요. 그래서 얼음이 녹는 봄철을 해빙기라고 해요.

解　　풀 해

- **해결(解 決** 결정할 결**)**
  얽힌 일을 풀어 처리함
- **해결사(解 決 士** 사람 사**)**
  해결하는 사람
- **해결책(解 決 策** 대책 책**)**
  해결을 위한 대책
- **해법(解 法** 방법 법**)**
  해결하는 방법
- **해산(解 産** 낳을 산**)**
  몸을 풀어 아이를 낳음
- **해빙(解 氷** 얼음 빙**)**
  얼음이 풀려 녹음

🔔 긴장이 완화될 때는 해빙
'양국 간에 해빙의 조짐이 보인다'와 같이 대립 중이던 세력이나 국가 사이의 긴장이 완화됨을 비유적으로 표현하는 말이기도 하지요.

解 **풀 해**

- **해독**(解 풀 毒독)
독을 풀어서 없앰

- **해열**(解 熱열)
열을 풀어서 없앰

- **화해**(和화합할 화 解)
다툼을 풀어 화합함

- **해소**(解 消사라질 소)
풀어서 사라지게 함

- **해탈**(解 脫벗어날 탈)
모든 문제를 풀어 근심 걱정에
서 벗어남

- **해방**(解 放놓을 방)
풀려남

- **해이**(解 弛늦출 이)
정신이 풀려 느슨해짐

- **해금**(解 禁금할 금)
금지한 것을 풀어 줌

- **해제**(解 制제약 제)
제약을 풀어 줌

- **해고**(解 雇고용할 고)
고용 관계를 풀어 내보냄

- **해직**(解 職직분 직)
직분에서 풀어 줌

- **해임**(解 任임무 임)
임무에서 풀어 줌, 주로 공무원
이나 교사에게 쓰는 말

해독(解毒)은 독을 푸는 것이에요.

그럼 해열(解熱)은요? 맞아요, 열을 풀어서 내리는 것이지요.

독이나 열뿐 아니라 마음도 풀 수 있어요.

다툼을 풀어 다시 화합하는 것은 화□예요.

□소는 갈등이나 스트레스 등을 풀어서 사라지게 한다는 뜻이죠.

□탈은 불교에서 모든 근심과 걱정에서 벗어나는 상태를 이르는 말이에요.

빈칸을 채우면 화해, 해소, 해탈이에요.

구속이나 억압, 부담에서 벗어나는 것은 □방이라고 해요.

해방의 기분이 지나쳐서 정신이 해이해지면 안 되겠죠?

정신이 풀려 느슨해져 버리는 것을 해이라고 하거든요.

금지를 풀어 주는 것은 □금, 제약을 풀어 주면 □제이지요.

다음 빈칸에 공통으로 들어갈 말은 무엇일까요? ( )

1) 공장이 문을 닫으면서 노동자들은 □□ 통지를 받았다.

2) 지난달 □□당하는 바람에 먹고살 길이 막막합니다.

① 해고 ② 해방 ③ 해제 ④ 해소

정답은 ①번이에요. 해고(解雇)는 서로
맺었던 고용 관계를 풀어 버리는 거예요.
그럼 직장을 그만둬야겠지요?
비슷한 말은 해직, 해임이에요.

아~ 시원해.

🔔 **해우소**
절의 화장실은 해우소(解 優근
심 우 所장소 소)라고 해요. 근심
을 풀어내는 곳이라는 뜻이죠.

저 애가 자꾸 날 쳐다봐. 날 좋아하나봐.

꿈보다 □□이라더니…

위 그림의 빈칸에 가장 알맞은 말은 무엇일까요? (   )

① 해탈   ② 해답   ③ 해몽   ④ 해명

답은 ③번, 해몽이지요.

해몽(解夢)은 꿈의 뜻을 풀이한다는 뜻이에요.

해설은 자세하게 풀어서 설명하는 것, 해석은 풀어서 분석한다는 뜻이지요. 중국어로 된 글은 한글로 해석해야 무슨 뜻인지 알 수 있어요. 해명은 사고의 원인 등을 풀어내어 분명하게 밝힌다는 말이에요.

이렇듯 해(解)는 풀이하는 것이죠. 해답은 풀이한 답, 언해는 한글로 풀이하는 것, 도해는 그림으로 풀이하는 것이에요.

이렇게 풀어 주면 알기 쉽겠죠.

그래서 해(解)는 '이해하다'라는 뜻으로도 쓰여요.

사물의 이치를 알면 사물을 이해(理解)한다고 하지요. 이해하는 힘은? 이해력. 이해하는 마음은? 이해심이죠.

이해심이 많은 사람은 양해도 잘 해요. 양해는 남의 사정을 살펴 너그럽게 이해한다는 뜻이에요.

'이해하다'라는 뜻을 생각하면서 다음 빈칸을 채워 볼까요?

읽어서 그 의미를 알아내는 것은 독□, 이해하기 어려운 것은 난□, 남의 뜻이나 상황을 잘못 이해하면 오□예요.

완성된 낱말은 독해, 난해, 오해이지요. 잘 맞혔나요?

그럼 독해를 뒤집은 말, 해독은 무슨 뜻일까요?

해독(解讀)은 숨겨진 뜻을 풀어서 읽어 낸다는 말이에요. 기호나 암호는 해독이 필요하지요.

解 풀이할 해

■ 해몽(解夢 꿈 몽)
꿈의 뜻을 풀이함

■ 해설(解 說설명할 설)
풀어서 설명함

■ 해석(解 析분석할 석)
풀어서 분석함

■ 해명(解 明밝을 명)
풀어서 분명히 밝힘

■ 해답(解 答답 답)
풀이해 놓은 답

■ 언해(諺한글 언 解)
한글로 풀이한 것

■ 도해(圖그림 도 解)
그림으로 풀이한 것

■ 해독(解 讀읽을 독)
숨겨진 뜻을 풀어서 읽어 냄

解 이해할 해

■ 이해(理이치 이 解)
사물의 이치를 알게 됨

■ 이해력(理解 力)
이해하는 힘

■ 이해심(理解 心)
이해하는 마음

■ 양해(諒너그러울 양 解)
너그럽게 이해함

■ 독해(讀읽을 독 解)
읽어서 의미를 이해함

■ 난해(難어려울 난 解)
이해하기 어려움

■ 오해(誤잘못될 오 解)
잘못 이해함

담배 피우던 사람의 폐를 해부해 보면 이렇게 끔찍합니다.

解 나눌 해

- **해부**(解 剖쪼갤 부)
  생물체를 나누어 쪼갬
- **해체**(解 體몸 체)
  집단이나 물체를 부분으로 나눔
- **분해**(分나눌분 解)
  여러 부분으로 나눔
- **해상도**
  (解 像모양상 度정도도)
  물체의 모양을 미세하게 나눈 정도

해부는 칼로 생물체의 일부 또는 전부를 쪼개는 거예요. 해부를 하면 죽음이나 병의 원인, 또는 신체 내부의 구조를 알 수 있지요.

해체는 하나로 되어 있는 집단이나 물체를 뜯어서 부분으로 나눈다는 뜻이에요.

이렇게 해(解)는 '가르다', '나누다', '쪼개다'라는 뜻도 있어요.

분해도 여러 부분으로 나눈다는 뜻이에요. 호기심이 많은 친구들은 컴퓨터도 분해하고, 시계도 분해하죠.

컴퓨터와 관련해서 해상도라는 말을 들어 봤죠?

해상도는 물체의 상을 미세하게 나눈 정도를 나타내거든요. 해상도가 높은 모니터는 해상도가 낮은 것보다 선명하게 보이겠죠.

해(解)에는 '흩어지다', '흩어져 퍼지다'라는 뜻도 있어요. 여러 사람이 모여 있다 각자 흩어지는 것은 해산, 조직이나 계획이 기와 깨지듯 무너져 흩어지는 것은 와해예요. 와해는 본래 기와가 깨진다는 뜻이거든요. 용해는 녹는 것이에요. 그런데 이것은 얼음이 녹는 것과는 달라요. 물속에 소금이 녹는 것처럼, 어떤 물질 안에 다른 물질이 녹는 것을 말하지요.

解 흩어질 해

- **해산**(解 散흩어질산)
  나누어져 흩어짐
- **와해**(瓦기와와 解)
  기와가 깨지듯 무너져 흩어짐
- **용해**(溶녹을용 解)
  녹아서 흩어짐, 녹음

해결 해법 해산 해방 해열 화해
해제 해몽 해석 해답 해부 분해

解
풀 해

왼쪽 단어 목록:
해결
해결사
해결책
해법
해산
해빙
해독
해열
화해
해소
해탈
해방
해이
해금
해제
해고
해직
해임
해우소
해몽

❶ 공통으로 들어갈 한자를 따라 쓰세요.

결
법 이 력 → 解 ← 상 도
산
풀 해

독
열
고

❷ 어떤 낱말에 대한 설명인지 쓰세요.

1) 금지하는 것을 풀어 줌 → ☐☐

2) 다툼을 풀어 화합함 → ☐☐

3) 사물의 이치를 알게 됨 → ☐☐

4) 어려운 일이나 상태를 풀어서 사라지게 함 → ☐☐

5) 몸을 풀어 아기를 낳음 → ☐☐

❸ 알맞은 낱말을 찾아 문장을 완성하세요.

1) 이 영어 문장 좀 ☐☐ 해 주세요. 무슨 말인지 모르겠어요.

2) 이번 사건이 도대체 어떻게 된 일인지 분명하게 ☐☐ 해 주세요.

3) 작은 실수에 ☐☐ (이)라니 억울해요. 당장 어떻게 일자리를 구하겠어요.

4) 조선 시대 말기에 신분 질서가 ☐☐ 되기 시작했어요.

4 문장에 어울리는 낱말을 골라 ○표 하세요.

1) 도대체 이 실타래처럼 엉킨 문제를 누가 (해결 / 해제)해 줄까?

2) 아기가 열이 펄펄 나요. 옷을 벗겨서 (해열 / 해빙) 좀 시켜 주세요.

3) (해산 / 해탈)하신 스님의 유골을 화장하면 사리가 나온대.

4) 그렇게 (이해 / 해이)하니까 가방도 잃어버리고, 신발도 잃어버리지.

5 빈칸에 들어갈 낱말을 순서대로 짝 지어 놓은 것을 고르세요. (　　)

> • 사회 도덕을 지키려는 의식이 사라지는 것을 도덕적 (　　　)라고 해.
> • 고모가 읽는 책들은 너무 (　　　)해서, 보기만 해도 머리가 아파.

① 해탈 – 난해　　　　　　② 해소 – 독해

③ 해이 – 난해　　　　　　④ 해이 – 독해

6 그림을 보고, 빈칸에 들어갈 알맞은 낱말을 쓰세요.

1)
헉, 독버섯이다.
누가 나 □□ 좀

저 뱀이
겁도 없이.

2)
□□□에
다녀왔더니
시원해.

| 해설 |
| 해석 |
| 해명 |
| 해답 |
| 언해 |
| 도해 |
| 해독 |
| 이해 |
| 이해력 |
| 이해심 |
| 양해 |
| 독해 |
| 난해 |
| 오해 |
| 해부 |
| 해체 |
| 분해 |
| 해상도 |
| 해산 |
| 와해 |
| 용해 |

結
맺을 결

사랑의 결실로 결혼에 골인

진짜 아름다운
□□식이야.
부럽다.

감동~

위 그림의 빈칸에 들어갈 말은 '결혼'이지요. 결혼(結婚)이란 남자와 여자가 부부가 되는 것을 말해요. 다른 나라 사람과 결혼하는 것은 국제결혼, 부부가 될 것을 맹세하는 의식을 결혼식이라고 해요. 여기서 결(結)은 '맺다'라는 뜻으로 쓰여요.

올림픽이나 월드컵이 열리면, 온 국민이 한마음으로 '단결'하여 응원하지요? 단결은 여러 사람이 한 덩어리로 뭉쳤다는 뜻이에요.

대한민국 ~ !
짝 짝 짝짝 짝 ! !

'□□을(를) 다지다'의 빈칸에 들어갈 말은 무엇일까요? (　　　)

① 합체　　　② 결속　　　③ 결연　　　④ 우정

정답은 ②번, 결속이에요. 단결이나 결속은 뜻이 같은 사람들끼리 서로 결합한다는 의미도 있어요. 결합(結合)은 이어져 합쳐진 것을 뜻해요. 결부는 이어져 붙어 있다는 말이에요. 관련이 있을 때, 결부됐다라고 하지요. 이처럼 결(結)은 '잇다'라는 뜻도 있어요.

結　맺을 결

■ 결혼(結 婚혼인 혼)
남자와 여자가 부부가 됨
■ 국제결혼
(國나라 국 際사이 제 結婚)
다른 나라 사람과 결혼하는 것
■ 결혼식(結婚 式의식 식)
결혼을 약속하는 의식

結　이을 결

■ 단결(團덩어리 단 結)
한 덩어리로 이어져 뭉침
■ 결속(結 束묶을 속)
한 덩어리가 되게 이어 묶음
■ 결합(結 合합할 합)
이어져 합쳐짐
■ 결부(結 付붙일 부)
이어져 붙음, 관련 있음

36

그럼 단체나 지역끼리 서로 돕고 교류하기 위해 인연을 맺는 일을 무엇이라고 할까요? (   )

① 자매결연   ② 형제결연   ③ 남매결연   ④ 부부결연

딩동댕! 정답은 ①번, 자매결연이에요.

結 **맺을 결**

- **결연**(結 緣인연 연)
  인연을 맺음
- **자매결연**(姉언니 자 妹누이 매 結緣)
  언니와 여동생 사이가 됨
- **결탁**(結 託맡길 탁)
  나쁜 일을 꾸미려고 서로 마음을 합쳐 의지함
- **연결**(連이을 연 結)
  이어져 맺어짐

결연이란 말은 인연을 맺는 것을 뜻해요. 여자들끼리 인연을 맺는 것도 아닌데, 왜 자매결연일까요? 영어로 자매를 뜻하는 '시스터(sister)'라는 낱말에 친한 관계라는 의미도 있기 때문이에요.
나쁜 목적을 이루려고 서로 친한 관계를 맺기도 해요.
그럴 때는 결탁이라고 말해요.
결탁은 서로 한통속이 되어 나쁜 일을 꾸민다는 뜻이에요.
결연이나 결탁은 서로 연결된 사이일 때 쓰는 말이에요.
연결은 서로 이어져 맺어져 있는 상태를 말해요.

結 **묶을 결**

- **결박**(結 縛묶을 박)
  움직이지 못하게 묶음

🔔 **자매결연**
우리는 흔히, 자매결연을 맺다라고 표현하는데, 결연 안에 맺다라는 의미가 들어가 있기 때문에 자매결연하다라고 해야 더 알맞은 표현이에요.

우리는 가끔 뉴스에서 경찰이 범인을 결박해서 잡아가는 모습을 보지요? 결박이란 몸이나 손 등을 움직이지 못하도록 묶는 것을 말해요.
여기서 결(結)은 '묶다'라는 뜻을 나타내지요.

와! 이 우연한 만남이 '결국' 결혼까지 이르게 될까요?

결국은 일이 마무리되는 상황일 때 쓰는 말이에요.

여기서 결(結)은 어떤 일이 끝나거나 마무리된다는 뜻이에요.

빈칸을 채우면서 계속해서 읽어 볼까요?

일의 끝은 ☐말이라고 해요.

또 어떤 원인으로 생겨난 결말이면 ☐과라고 하지요.

죄를 지은 사람이 벌을 받는 것은 당연한 귀☐이에요.

귀결은 어떤 결말에 이르는 것, 혹은 그러한 결말을 뜻해요.

☐론은 끝내는 의견이에요. 말이나 글의 끝을 맺는 부분 또는 최종적으로 내리는 판단을 '결론'이라고 해요.

짜임새 있는 글이나 시에는 '☐☐☐☐이 있다'라고 말해요.
빈칸에 가장 알맞은 말은 무엇일까요? (   )

① 자매결연   ② 비밀 결사   ③ 기승전결   ④ 국제결혼

정답은 ③번이지요.

기승전결은 글을 짜임새 있게 짓는 형식을 뜻해요.

타결은 의견이 대립된 두 편이 서로 양보하여 일을 마무리 짓는 것을 뜻해요. '온당할 타(妥)' 자가 쓰였거든요.

그런데 어느 한쪽이라도 불만이 있으면 타결된 것이 아니에요.

'타결을 보다', '타결되지 못했다' 등으로 쓰이지요.

結 끝낼 결

■ **결국**(結 局판국)
끝판에, 마침내

■ **결말**(結 末끝 말)
어떤 일이나 이야기가 마무리되는 끝

■ **결과**(結 果과실 과)
어떤 원인으로 생겨난 결말

■ **귀결**(歸돌아갈 귀 結)
어떤 결말에 이름

■ **결론**(結 論논할 론)
맺음말, 최종 판단

■ **기승전결**(起시작할 기 承이을 승 轉바꿀 전 結)
글을 짜임새 있게 짓는 형식

■ **타결**(妥온당할 타 結)
온당하게 끝냄, 서로 양보하여 일을 마무리함

오른쪽 그림의 빈칸에 어울리는 말은 무엇일까요?

맞아요. 열매를 맺는다는 의미인 결실이지요. 결실은 일의 결과가 잘 맺어진 것을 말해요. 결실은 결과와 비슷한 말이지만 쓰임새는 달라요. 결실은 노력 끝에 생기는 거예요. 또 일의 결과가 좋으면 '결실'이라고 표현하는 것이 더 좋다는 것 기억하세요.

4인조 그룹 결성

열매가 맺히듯이 사람들이 뭉치기도 해요. 여럿이 뭉쳐 단체 등을 만드는 것을 결성이라고 해요. 단체가 해체되었다가 다시 결성되는 것을 재결성이라고 하고요.

결성과 비슷한 말로는 결단과 결사가 있어요.

물이 얼어서 엉기면 얼음이 돼요. 이걸 뭐라고 할까요? (　　)

① 결빙　　② 결성　　③ 결사　　④ 결단

정답은 ①번, 결빙이에요. 결빙은 열매가 맺히듯이 물이 엉겨서 딱딱한 얼음이 되는 것이니, 겨울철에는 도로의 결빙 현상을 조심해야 해요. 또 추위나 냉각으로 얼어붙는 것은 동결이라고 말해요. 이렇게 결(結)은 '뭉치다', '엉기다'라는 뜻이 있어요.

結 맺을 결

■ **결실**(結 實열매 실)
일의 결과가 잘 맺어짐

結 뭉칠 엉길 결

■ **결성**(結 成이룰 성)
= **결단**(結 團단체 단)
= **결사**(結 社모일 사)
단체 등을 만드는 것

■ **재결성**(再다시 재 結成)
단체가 해체되었다가 다시 결성됨

🔔 **비밀 결사**
여러 사람이 비밀스러운 목적을 이루기 위해 만든 단체를 비밀 결사 단체라고 해요. 일제 강점기는 독립운동을 하던 비밀 결사 단체가 많았던 때지요.

■ **결빙**(結 氷얼음 빙)
물이 얼어 얼음이 됨

■ **동결**(凍얼 동 結)
얼어붙음

結
맺을 결

1 공통으로 들어갈 한자를 따라 쓰세요.

혼						연
합	비 밀	사	結	자 매 연	단	
속			맺을 결		타	

2 어떤 낱말에 대한 설명인지 쓰세요.

1) 최종적으로 내리는 판단 ➡ ☐☐

2) 물이 얼어서 엉기어 얼음이 되는 것 ➡ ☐☐

3) 단체 따위를 만들어 이룸 ➡ ☐☐

4) 열매를 맺음. 일의 결과가 잘 맺어짐 ➡ ☐☐

5) 남자와 여자가 부부가 됨 ➡ ☐☐

3 알맞은 낱말을 찾아 문장을 완성하세요.

1) 노총각이던 우리 삼촌이 드디어 ☐☐을(를) 했어요.

2) 오랜 추적 끝에 ☐☐, 사건의 범인이 잡혔어요.

3) 그동안의 노력이 1등이라는 ☐☐을(를) 맺었어요.

4) 이번 운동회 때 우리의 ☐☐된 모습을 보여 줍시다.

결혼

국제결혼

결혼식

단결

결속

결합

결부

결연

자매결연

결탁

연결

결박

결국

4 문장에 어울리는 낱말을 골라 ○표 하세요.

1) 월드컵 때 우리 국민들은 (단결 / 연결)하여 응원했어요.

2) (결실 / 결혼) 행진곡에 맞추어 신부가 입장했어요.

3) 우리 학교는 일본의 한 초등학교와 (자매결연 / 형제결연)을 맺었어요.

4) 짜임새 있는 글은 (기승전결 / 비밀 결사)이(가) 확실하지요.

5 밑줄 친 낱말의 뜻이 다른 하나를 고르세요. (   )

① 결성   ② 결사   ③ 결빙   ④ 결국

6 그림을 보고, 빈칸에 들어갈 알맞은 낱말을 쓰세요.

1)

2)

| 결말 |
| 결과 |
| 귀결 |
| 결론 |
| 기승전결 |
| 타결 |
| 결실 |
| 결성 |
| 결단 |
| 결사 |
| 재결성 |
| 비밀 결사 |
| 결빙 |
| 동결 |

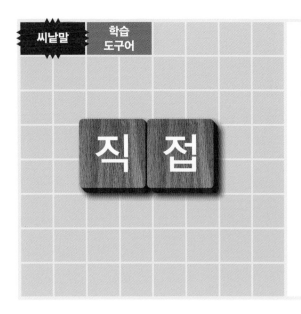

빙빙 돌리지 말고 직접 말해 봐!

준호가 너 좋아한대.

왜 준호가 **직접** 말하지 않는 거지?

준호는 정아를 좋아해요. 그런데 준호 대신 이수가 정아에게 그 마음을 대신 말해서 간접 고백이 되었네요. 준호가 직접 말했으면 더 좋았을 텐데요. 여기서 직접과 간접의 차이가 뭘까요?

돌리지 않고 바로 직(直)

직접은 중간에 매개물이 없이 바로 연결되는 관계를 말해요. '중간에 아무것도 없이 바로'라는 뜻으로도 쓰이죠.

직(直)은 곧다는 뜻을 가지고 있어요. 빙빙 돌리지 않고 있는 그대로 바로 말하거나 행동할 때 자주 쓰이지요.

'직'이 들어간 말들을 더 살펴볼까요?

자신이 말하고자 하는 바를 곧이곧대로 말하는 것은 ☐설,

중간을 거치지 않고 바로 연결하는 것은 ☐접적,

대상이 바로 보이는 것은 ☐관,

어떤 일이나 사물을 직접 대하는 것은 ☐면,

사물이나 현상을 바로 보는 것은 ☐시예요.

바로 말하거나 행동하지 않고 돌려서 할 때 간접이라고 해요.

직접 말하지 않고 돌려서 표현하거나 비유적으로 말할 때는 간접적

直 곧을 직	接 접할 접
바로 접함, 중간에 아무것도 없이 바로	

- **직설**(直 說말씀 설)
  자신이 말하고자 하는 바를 곧이곧대로 말함
- **직접적**(直接 的 ~하는 석)
  중간을 거치지 않고 바로 연결하는 것
- **직관**(直 觀볼 관)
  대상이 바로 보이는 것
- **직면**(直 面대할 면)
  어떤 일이나 사물을 직접 대하는 것
- **직시**(直 視볼 시)
  사물이나 현상을 바로 보는 것
- **간접**(間接)
  중간에 사람이나 사물 등의 매개로 맺어지는 관계

이라고 하고요. 이때 간(間)은 사이나 틈을 뜻하거든요.
중간에 매개로 맺어지는 관계도 간접이라고 하고요.
물건과 물건이 떨어진 거리는 간격이라고 해요.

가까이 혹은 붙어 있는 접(接)

축구장에 가서 경기를 보면 인접한 거리, 즉 매우 가까운 거리에서
볼 수가 있어요. 정말 실감 나겠죠?
이때 접(接)은 이어 주다, 가까이 하다는 뜻이에요.
축구장에서의 대화를 보고 '접'이 들어가는 말의 뜻을 알아볼까요?
"골대에 가장 근접한 선수에게 흥분한 관중이 접근하고 있네요."
근접은 가까이 닿는 것을, 접근은 가까이 다가오는 것을 말해요.
"축구장에서 공에 손을 접촉할 수 있는 유일한 사람은 골키퍼예요."
접촉은 서로 맞닿는다는 뜻이죠.
"공을 넣으려는 선수와 막으려는 골키퍼가 접전을 벌이고 있어요!"
접전은 경기나 전투에서 서로
맞붙는다는 뜻이에요.
경기 전에 감독과 심판과

두 팀이
접전 중이야.

접선하여 팀에 유리하게 판정
을 부탁하는 것은 정당하지 않
아요. 경기 판정에 불만이 있어
도 상대방의 의견과 일치를 볼
수 있는 접점을 찾아야 해요. 접점은 맞닿는 부분을 뜻해요.

- **간접적**(間 사이 간 接的)
  간접으로 하거나 되는 것
- **간격**(間 隔 사이 뜰 격)
  물건과 물건이 떨어진 거리
- **인접**(隣 이웃 인 接)
  매우 가까움
- **근접**(近 가까울 근 接)
  가까이 닿음
- **접근**(接近)
  가까이 다가옴
- **접촉**(接 觸 닿을 촉)
  서로 맞닿음
- **접전**(接 戰 싸움 전)
  경기나 전투에서 서로 맞붙음
- **접선**(接 線 줄 선)
  어떤 목적을 위하여 비밀리에
  만남
- **접점**(接 點 점 점)
  맞닿는 점, 맞닿는 부분

능동은 스스로 행동하고 결정하여 움직이는 것을 말해요. 반대로 수동은 스스로 움직이지 않고 다른 것의 힘을 받아서 움직이는 것을 뜻해요. 어떤 일을 하든지 수동적이기보다는 능동적인 자세를 가지면 긍정적인 에너지가 생기지요. 능동적일 때, 어떤 점이 좋은지 관련된 낱말과 함께 알아볼까요?

능력을 나타내는 능(能)

능(能)은 '할 수 있다', '힘', '능력'을 뜻해요.
태어나면서부터 갖고 있는 감정이나 행동은 본능이라고 해요.
우리가 가진 지혜와 능력은 지☐,
음악, 미술 같은 예술과 관련된 능력은 예☐,
어떤 일을 하는 데 필요한 재주와 능력은 재☐이지요.
그럼 우리의 재능을 키우려면 어떻게 해야 할까요?
열심히 연습해서 일을 해낼 수 있는 힘인 능력을 키우면 돼요.
그러다 보면 잘하게 되고 익숙해지는 상태인 능숙한 단계에 이르죠. 어떤 일을 능숙하게 아주 잘하면 능통하다고 해요.
능률은 정해진 시간 동안에 할 수 있는 일의 비율을 말해요.

能	動
할 수 있을 능	움직일 동

스스로 행동하고 결정하여 움직이는 것

▶ **수동**(受받을 수 動)
다른 것의 힘을 받아서 움직임

▶ **본능**(本근본 본 能)
태어나면서 갖고 있는 감정이나 행동

▶ **지능**(知알 지 能)
지혜와 능력

▶ **예능**(藝기예 예 能)
예술과 관련된 능력

▶ **재능**(才재주 재 能)
재주와 능력

▶ **능력**(能 力힘 력)
일을 해낼 수 있는 힘

▶ **능숙**(能 熟익힐 숙)
잘하게 되고 익숙해지는 상태

예를 들어 한 시간 동안 나는 딱지를 세 장, 친구는 한 장 접었다면 친구보다 내가 능률이 높다고 할 수 있겠죠. 능률의 률(率)은 같이 쓰이는 글자에 따라 비율처럼 '율'로 쓰기도 해요.

효능은 효과를 나타내는 능력을 말해요.

'수동'에서 수(受)는 받아들인다는 뜻이 있어요.

우편이나 전보 등을 받는 일을 수신이라고 하는데, 여기서 신(信)은 편지나 신호를 뜻하지요.

어떠한 것을 받아들이는 것은 수용이에요. 의견을 수용한다는 건 그 의견을 받아들인다는 의미예요. 배움을 받아들인다는 뜻의 수학은 학문을 배운다는 뜻이지요.

움직임을 나타내는 동(動)

몸을 움직여 행동하는 것은 활동이에요.
활동을 많이 하면 활동적이라고 하잖아요.
이처럼 움직임을 나타내는 말에는
'움직일 동(動)' 자가 많이 쓰여요.
움직여서 옮기는 것은 이□,
혼자 힘으로 움직이는 것은 자□,
수단이나 방법을 집중하는 것은 □원이지요.

슈퍼 영웅들이 **활동**을 시작했나!

- **능통**(能 通통할통) 아주 잘함
- **능률**(能 率비율률) 정해진 시간 동안에 할 수 있는 일의 비율
- **효능**(效나타낼효 能) 효과를 나타내는 능력
- **수신**(受받을수 信신호신) 우편이나 전보 등을 받는 일
- **수용**(受 容담을용) 어떠한 것을 받아들임
- **수학**(受받을수 學배울학) 학문을 배움
- **활동**(活활발할활 動) 몸을 움직여 행동함
- **활동적**(活動 的~하는적) 몸을 움직여 행동하는 것
- **이동**(移옮길이 動) 움직여서 옮김
- **자동**(自스스로자 動) 혼자 힘으로 움직임
- **동원**(動 員사람원) 수단이나 방법을 집중함

지 재 능력 능통 활 이동
본능 예능 숙 률 활동적 원

씨낱말
블록 맞추기

직 접

① 공통으로 들어갈 낱말을 쓰세요.

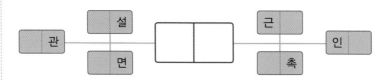

직접	
직설	
직접적	
직관	
직면	
직시	
간접	
간접적	
간격	
인접	
근접	
접근	
접촉	
접전	
접선	
접점	

② 주어진 낱말을 넣어 문장을 완성하세요.

1) 직 시 / 면   어떤 문제 상황을 ☐☐ 했을 때,
그 상황을 제대로 ☐☐ 해야 문제를 해결할 수 있다.

2) 접 근 / 촉   가까이 다가오는 것은 ☐☐,
서로 맞닿아 있는 것은 ☐☐ 이다.

3) 근 / 인 접   우리 집은 경찰서에 ☐☐ 해 있어서,
도둑이 ☐☐ 해 와도 겁이 나지 않아.

4) 접 선 / 전   지난 전투는 막상막하로 ☐☐ 을 벌였기 때문에 이번
에는 비밀리에 ☐☐ 하여 전략을 짜야 해.

③ 문장에 어울리는 낱말을 골라 ○표 하세요.

1) 아빠는 성적표를 보시고 (직설 / 직관)적으로 나의 단점을 비판했어.
2) 직접 본 것은 아니고, 친구를 통해서 (간접 / 직접)적으로 들은 말이라
정확하지 않아.
3) 바다에 (근접 / 접근)해 있는 집은 태풍이 오면 불안해.
4) 선과 선이 만나는 점을 (접점 / 접선)이라고 해.
5) 문제 상황에 (직면 / 직시)하더라도 당당하게 맞서서 이겨 내야 해.

1 공통으로 들어갈 낱말을 쓰세요.

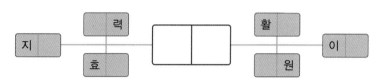

| 능동 |
| 수동 |
| 본능 |
| 지능 |
| 예능 |
| 재능 |
| 능력 |
| 능숙 |
| 능통 |
| 능률 |
| 효능 |
| 수신 |
| 수용 |
| 수학 |
| 활동 |
| 활동적 |
| 이동 |
| 자동 |
| 동원 |

2 주어진 낱말을 넣어 문장을 완성하세요.

1) 수 / 능 동
스스로 결정하고 움직이는 것 ☐☐ ,
다른 것의 힘에 의해 움직이는 것은 ☐☐ 이다.

2) 예 / 지 능
지적인 능력은 ☐☐ ,
음악, 미술 같은 예술과 관련된 능력은 ☐☐ 이다.

3) 능 력 / 통
일을 해낼 수 있는 힘은 ☐☐ ,
어떤 일을 아주 잘하는 것은 ☐☐ 이다.

4) 활 동 / 원
유민이는 봉사 ☐☐ 을 위해 아는 친구들을 모두 ☐☐ 했다.

5) 자 / 이 동
로봇 청소기는 ☐☐ 으로 ☐☐ 하면서 청소한다.

3 문장에 어울리는 낱말을 골라 ○표 하세요.

1) 무슨 일이든 시켜야 하시 말고 (능동 / 수동)적으로 해 봐.
2) 사람마다 가지고 있는 (재능 / 효능)은 달라.
3) 아무리 (지능 / 예능)이 높아도 노력을 얼마나 하느냐가 중요해.
4) 일이 손에 익어서 (능숙 / 능통)하게 처리할 수 있어.
5) 이 약은 아주 (효능 / 효과)이(가) 좋아서 회복이 빨라.

지금부터 토론을 시작하겠습니다

토 론

반대

용돈이 3년째 같잖아요.

토론회

자! **토론**을 해 보자!

토론은 여러 사람이 자기의 생각을 내세워 그것이 정당하다고 논하는 거예요. 토론은 '검토할 토 (討)'와 '논할 론 (論)' 자가 만나 검토하고 논한다는 뜻이지요. 제대로 토론을 하기 위해서는 의견을 조리 있게 논하고, 옳고 그름을 잘 따져야겠지요?

제대로 따져서 말할 때는 논(論)

문제를 해결하기 위해 의논하는 것은 논의,

대립되는 문제를 둘러싸고 벌이는 토론은 논쟁이에요.

이렇게 논(論)은 무언가를 제대로 따져 말하는 낱말에 쓰여요.

'논'이 들어가는 낱말을 더 알아볼까요?

여러 사람이 서로 다른 주장을 하며 벌이는 다툼은 □란이에요.

논쟁의 중심이 되는 문제점은 □점,

생각이나 의견이 이치에 맞을 때는 □리적,

논하려는 말의 목적은 □지,

다른 의견에 적절한 근거를 가지고 반대하는 것은 반□이지요.

논리적으로 말하기가 무척 어렵다고요?

그럼 고대 그리스의 철학자인 아리스토텔레스가 만든 삼단 논법을

討
검토할 토

論
논할 론(논)

여러 사람이 자기의 생각을 내세워 그것이 정당하다고 논의하는 것

■ **논의**(論 議의논할 의)
문제를 해결하기 위해 의논함

■ **논쟁**(論 爭다툴 쟁)
대립되는 문제를 둘러싸고 벌이는 토론

■ **논란**(論 難어지러울 란)
여러 사람이 서로 다른 주장을 하며 벌이는 다툼

■ **논점**(論 點점 점)
논쟁의 중심이 되는 문제점

■ **논리적**(論 理다스릴 리 的~하는 적)
생각이나 의견이 이치에 맞는 것

■ **논지**(論 旨뜻 지)
논하려는 말의 목적

연습해 보세요. 두 가지 전제를 바탕에 깔고 마지막에 결론을 내는 방법이에요. 예를 들어 '모든 사람은 죽는다. 아리스토텔레스는 사람이다. 그러므로 아리스토텔레스도 죽는다.'

어때요? 참 논리적이지요?

이것이 바로 삼단 논법이에요.

말의 짜임새를 살펴봤으니, 이제 글의 짜임새를 알아볼까요?

논리적인 글은 서론, 본론, 결론으로 나뉘어요.

서론은 글을 쓰게 된 동기, 목적 등 글의 실마리를 서술하는 첫 부분이에요. 본론은 글의 중심이 되는 자신의 주장, 결론은 글의 마지막 부분이에요.

이런 글의 구조를 가지는 대표적인 글을 논문이라고 해요. 논하는 글이라는 뜻이지요.

이것이 삼단 논법이지!

날 두 번 죽이는구나.

반론(反반대 반 論)
다른 사람의 의견에 적절한 근거를 가지고 반대하는 것

삼단 논법(三석 삼 段층계 단 論 法법 법)
두 가지 전제를 바탕에 깔고 마지막에 결론을 내는 것

서론(序차례 서 論)
글을 쓰게 된 동기, 목적 등 글의 실마리를 서술하는 글의 첫 부분

본론(本중심 본 論)
글의 중심이 되는 자신의 주장을 서술하는 부분

결론(結끝낼 결 論)
글의 마지막 부분

논문(論 文글 문)
논하는 글

말하기만큼이나 중요한 듣는 자세

자기의 생각을 적절하게 표현하는 것은 매우 중요해요. 말은 자신의 마음을 전달하고 생각을 드러내는 수단이기 때문이에요. 또한 사회가 발전하면서 서로의 말을 듣고 나누는 소통의 중요성이 커지고 있어요.

다양한 의견 중에서 가장 좋은 의견을 선택하기 위해서는 나의 의견을 제시하고, 상대방의 생각을 잘 듣고, 존중하는 태도가 필요하겠죠?

비둘기는 평화의 상징

난 평화의 **상징**!

난 아름다움의 **상징**!

난 행운의 **상징**!

'평화의 상징인 비둘기', '아름다움의 상징인 비너스'라는 말을 들어 봤나요? 하지만 우리는 실제로 평화나 아름다움이 어떤 모습인지 알 수 없어요. 이렇게 눈에 보이지 않는 개념을 구체적인 사물로 나타내는 것을 상징이라고 해요.

象	徵
모양 상	나타날 징

눈에 보이지 않는 개념을 구체적인 사물로 나타내는 것

■ **대상**(對대할 대 象)
어떤 일의 상대나 표현할 목적 이 되는 것
■ **추상**(抽뽑을 추 象)
여러 가지 사물이나 개념에서 공통되는 특성을 빼내는 것
■ **추상화**(抽象 畫그림 화)
자신의 느낌을 구체적인 모습 으로 형상화하여 표현한 그림

보이건 보이지 않건 모양을 나타내는 상(象)

코끼리를 정확히 표현해 보기 위해 코끼리를 가까이에서 살펴보기로 했어요. 그럼 이 코끼리는 표현 대상이 되는 거예요. 대상이란 어떤 일의 상대나 표현할 목적이 되는 것을 말해요.

이렇게 '상(象)'은 모양이라는 뜻으로 눈에 보이거나, 보이지 않아도 느낄 수 있는 형태 모두를 나타내요.

여러 가지 사물이나 개념에서 공통되는 특성을 빼내는 것은 추상이라고 해요.

화가들이 자신의 느낌을 구체적인 모습으로 형상화하여 표현한 그림을 추상화라고 하지요. 피카소는 대표적인 추상화가랍니다.

비너스상의 모습을 "하얀색 대리석으로 만들어졌고, 부드러운 머릿결을 가졌구나."라고 설명할 수 있어요.

이렇게 사물의 모습은 모양이라는 뜻을 지닌 두 한자, 형(形)과 상(象)을 붙여 형상이라고 해요.

형상을 분명한 것으로 만들어 내는 것을 형상화라고 해요.

한편, 겪었던 일을 마음속으로 떠올리는 것은 심상이에요.

우리가 눈으로 보거나 귀로 들은 것이 마음속에 강하게 기억되었을 때는 인상이 깊다, 또는 인상적이라고 하지요.

또 비, 눈, 바람과 같이 다양한 자연 현상을 기상이라고 해요.

현상은 어떤 사물의 모양이나 상태를 말하는데, 물 알갱이가 구름을 이루는 것도 기상 현상의 하나로 생각할 수 있지요.

기미나 조짐을 뜻하는 징(徵)

저녁 하늘, 달 주위에 뿌연 달무리가 보인다거나, 새나 곤충이 낮게 날고, 꽃향기가 진하게 난다면 어떤 징조일까요?

맞아요. 비가 온다는 징조예요.

이렇게 기미나 조짐을 뜻할 때 '나타날 징(徵)' 자를 써요.

어떤 일이 일어나려는 것은 징조, 징조와 비슷한 의미로 어떤 일이 일어나려는 낌새는 징후예요. 그 외에도 자신을 나타내는 뚜렷한 점은 징표, 특별히 겉으로 나타나는 것은 특징이라고 해요.

에구, 비가 올 **징조**로구나!

그걸 어떻게 아시지?

- **형상**(形모양형 象)
  사물의 생긴 모양
- **형상화**(形 象 化될화)
  형상을 분명한 것으로 만들어 내는 것
- **심상**(心마음심 象)
  겪었던 일을 마음속에 떠올리는 것
- **인상**(印인상인 象)
  경험한 것이 마음속에 강하게 기억되는 것
- **기상**(氣대기기 象)
  비, 눈, 바람과 같이 다양한 자연 현상, 날씨
- **현상**(現나타날현 象)
  사물의 모양과 상태
- **징조**(徵 兆조짐조)
  어떤 일이 일어나려는 것
- **징후**(徵 候조짐후)
  어떤 일이 일어나려는 낌새
- **징표**(徵 標표할표)
  자신을 나타내는 뚜렷한 점
- **특징**(特특별할특 徵)
  특별히 겉으로 나타나는 것

	대		추			인		현	특	징	징	후
헝	상	형	상	화	심	상	기	상		조	표	
			화									

① 공통으로 들어갈 낱말을 쓰세요.

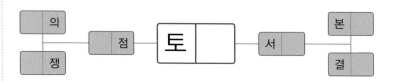

② 주어진 낱말을 넣어 문장을 완성하세요.

1) 논 의 / 쟁

문제를 해결하기 위해 의논하는 것은 ☐☐,

대립되는 문제를 둘러싸고 벌이는 토론은 ☐☐이다.

2) 반 / 토 론

종석이는 이 ☐☐에서 나온 결과가 마음에 들지

않아 ☐☐을 제기했어.

3) 논 지 / 문

말이나 글에서 논하는 목적은 ☐☐, 어떤 주제에

대해 연구한 것을 논하여 정리한 것은 ☐☐이다.

4) 본 / 서 론

글의 처음에 동기와 목적을 밝히는 부분은 ☐☐,

글이나 말의 주장이 있는 부분은 ☐☐이다.

③ 문장에 어울리는 낱말을 골라 ○표 하세요.

1) 오늘 학급 회의 시간에 열띤 (토론 / 논란)을 벌였어.

2) 서로 의견이 달라서 오늘은 상당한 (논란 / 논지)이(가) 예상돼.

3) 자꾸 엉뚱한 소리를 해서 오늘 회의의 (논점 / 논의)을(를) 흐리지 마.

4) 지금 바쁘니까 (서론 / 결론)부터 말해.

5) 두서없는 것 같아도 나름대로 분명한 (논리 / 논쟁)이(가) 있어.

토론
논의
논쟁
논란
논점
논리적
논지
반론
삼단 논법
서론
본론
결론
논문

상 징

1 공통으로 들어갈 낱말을 쓰세요.

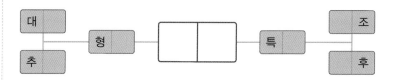

상징

대상

추상

추상화

형상

형상화

심상

인상

기상

현상

징조

징후

징표

특징

2 주어진 낱말을 넣어 문장을 완성하세요.

1)
추 | 형
  | 상
  | 화

사물의 특성을 빼내 표현하는 것은 □□이고, 사물의
생긴 모양을 만들어 내는 것은 □□□이다.

2)
  | 현
인 | 상

사물의 모양과 상태는 □□,
경험한 것이 마음속에 기억되는 것은 □□이다.

3)
징 | 후
조 |

먹구름이 몰려오자 불길한 □□가 느껴졌었는데,
단지 태풍의 □□일 뿐이었어.

4)
특 | 징
  | 표

특별히 겉으로 나타나는 것은 □□,
자신만을 나타내는 뚜렷한 점은 □□이다.

3 문장에 어울리는 낱말을 골라 ○표 하세요.

1) 비둘기는 평화의 (상징 / 특징)이야.

2) 선생님의 (인상 / 심상)이 정말 무서워.

3) 화가들은 사물의 (특징 / 현상)을 잘 찾아서 표현해.

4) 표정을 보니 뭔가 좋지 않은 일이 일어날 (징조 / 징표)가 보여.

재료는 물건을 만들 때 필요한 것으로, 눈으로 보고 손으로 만질 수 있어요. 맛있는 음식을 만들 땐 음식 재료가, 건물을 세우거나 쌓을 땐 건축 재료가 필요해요.

자료는 연구나 조사를 할 때 바탕이 되는 재료이지요. 공부할 때에는 머릿속에 차곡차곡 쌓아두고 활용할 수 있는 학습 자료가, 연구할 때에는 살펴서 도움이 되는 참고 자료가 필요해요.

재료가 되는 재(材)

우리 주변에 있는 수많은 것들은 다 재료가 될 수 있어요. 재료를 나타내는 재(材) 자를 넣어 낱말을 만들어 볼까요?

나무로 된 재료는 목☐, 철로 된 재료는 철☐라고 해요.

'사람 인(人)' 자를 쓰면 인☐이지요. 당연히 사람을 재료로 쓸 수는 없잖아요. 이때는 학식이나 능력이 뛰어나 어디서든 인정받는 사람이라는 뜻으로 쓰여요.

옷의 소재, 글의 소재라는 말을 들어 봤을 거예요.

소☐는 물건을 만들 때 기본 요소가 되는 재료예요. 작가가 이야기를 만들 때 선택하는 자료도 소재라고 하지요.

材	料
재목 재	재료 료
물건을 만들 때 필요한 것	

- **자료**(資바탕 자 料)
  연구나 조사의 바탕이 되는 재료
- **음식**(飮마실 음 食밥 식) **재료**
  음식을 만들 때 필요한 재료
- **건축**(建세울 건 築쌓을 축) **재료**
  건물을 세우거나 쌓을 때 필요한 재료
- **학습**(學배울 학 習익힐 습) **자료**
  공부할 때 활용하는 자료
- **참고**(參참여할 참 考생각할 고) **자료**
  살펴서 도움이 되는 자료
- **목재**(木나무 목 材)
- **철재**(鐵쇠 철 材)
- **인재**(人사람 인 材)
- **소재**(素바탕 소 材)

신문 기자가 기사에 필요한 재료나 이야깃거리를 조사하여 모으는 것은 취☐라고 해요.

이 외에도 재료의 성질을 뜻하는 ☐질이라는 말도 있어요.

부드러운 재질, 딱딱한 재질 등이 있지요.

물건을 만들 때 바탕이 되는 재료는 원료예요. 콩은 두부나 콩나물의 원료이고, 허브는 화장품의 원료죠.

고기나 채소처럼 음식의 재료가 되는 것은 식료품, 설탕이나 소금처럼 음식의 맛을 조절하는 재료는 조미료라고 해요.

바탕이 되는 자(資)

무슨 일이든 바탕이 아주 중요하죠? 장사나 사업을 할 때 필요한 밑천이 되는 돈을 자본 또는 자금이라고도 해요.

경제생활의 밑바탕이 되는 모든 물품과 재료는 물자이지요. 물자가 풍부해야 경제가 풍요로울 수 있어요.

비슷한 말인 기자재는 기계나 기구, 자재 등을 통틀어 일컫는 말이에요. 병을 고치는 기계는 의료 기자재, 건물을 세울 때 쓰는 기구는 건축 기자재예요.

또, 어떤 분야에서 바탕이 되는 성질 또는 타고난 성품이나 소질을 뜻하는 자질이라는 말도 있어요. '훌륭한 음악적 자질을 갖추다'처럼 쓸 수 있지요.

■ **취재**(取취할 취 材)
기사에 필요한 재료나 이야깃거리를 조사하여 모으는 것

■ **재질**(材 質성질질)
재료의 성질

■ **원료**(原근원 원 料)
물건을 만들 때 바탕이 되는 재료

■ **식료품**(食料 品물건품)
음식의 재료가 되는 것

■ **조미료**(調고를 조 味맛 미 料)
음식의 맛을 조절하는 재료

■ **자본**(資바탕 자 本기본 본)
= **자금**(資 金돈금)
밑천이 되는 돈

■ **물자**(物물건물 資)
어떤 활동의 밑바탕

■ **기자재**(機틀 기 資材)
기계, 기구, 자재 등을 통틀어 일컫는 말

■ **의료 기자재**
병을 고치는 기계

■ **건축 기자재**
건물을 세울 때 쓰는 기구

■ **자질**(資質)
바탕이 되는 성질, 타고난 성품이나 소질

나 정도면 배우가 될 **자질**이 충분하지 않니?

…

우리를 둘러싼 환경들

> 어때? 교육 환경이 훌륭하지?

> 환경만 좋으면 뭐 해, 공부를 해야지.

환경은 우리를 둘러싼 자연 조건이나 상황을 말해요. 두르다, 돌다의 뜻을 가진 환(環)과 '지경 경(境)'이 합쳐진 말로 둘러싸고 있는 경계라는 뜻이지요. 환경이라고 하면 주로 자연환경이 떠오를 거예요. 우리에게 직간접적으로 영향을 주기 때문이지요. 또 우리의 생활을 둘러싼 사회의 상황은 생활 환경, 태어나서 자란 집안의 분위기는 가정 환경, 공부하는 학교의 생활은 교육 환경이라고 해요.

두르거나 도는 환(環)

돌고 도는 것을 순환이라고 해요. 대표적으로 물의 순환이 있어요. 바다와 땅에서 물이 증발하여 수증기가 되고, 하늘에서 수증기가 뭉쳐진 구름은 다시 비가 되어 땅과 바다로 내리잖아요.

같은 일이 계속 되풀이되는 순환에 상황이 점점 나빠지기도 해요. 공부하기 싫어서 공부를 안 하면 성적이 떨어지고, 성적이 떨어지니 공부하기가 더 싫어지고…. 이렇게 나쁜 일이 되풀이되는 것을 '나쁠 악(惡)' 자를 써서 악순☐이라고 해요.

반대로 좋은 일이 되풀이되는 것은 뭐라고 할까요?

環	境
두를, 돌 환	지경 경

우리를 둘러싼 자연 조건이나 상황, 주변의 상황

■ **자연환경**(自 스스로 자 然 그럴 연 環境)
우리에게 직접적, 간접적으로 영향을 주는 자연 조건

■ **생활**(生 살 생 活 살아갈 활) 환경
우리의 생활을 둘러싼 사회의 상황

■ **가정**(家 집 가 庭 집안 정) 환경
태어나서 자란 집안의 분위기

■ **교육**(教 가르칠 교 育 기를 육) 환경
공부하는 학교나 주변의 상황이나 분위기

■ **순환**(循 빙빙 돌 순 環)
돌고 돎

■ **악순환**(惡 나쁠 악 循環)
나쁜 일이 되풀이되는 것

맞아요, '좋을 선(善)' 자를 써서 선순□이라고 해요.

또 환(環)에는 돈다는 뜻 외에 고리라는 뜻도 있어요. 서로 아주 가깝게 관련되는 것들 가운데 하나를 일환(一環)이라고 해요.

"방학도 학교 생활의 일환이다."라고 말하지요.

장소와 가장자리를 나타내는 경(境)

이번에는 장소와 가장자리를 뜻하는 경(境)이 쓰이는 말들을 알아봐요.

지역의 가장자리를 구분하는 한계를 □계, 이 가장자리의 한계를 보여 주는 선은 □계선, 나라와 나라 사이의 경계

국경을 이렇게 쉽게 넘어가면 세계 여행이 정말 쉽겠지?

는 국□이라고 해요. 이 국경을 두고 맞닿아 있어 경계가 아주 가까이 접해 있는 것을 접경이라고 해요.

또 경(境)은 형편을 뜻하기도 해요. 테두리 안의 땅을 가리키는 말인 지경은 일이 되어 가는 상태를 뜻하기도 해요.

경지는 '무술이 높은 경지에 올랐다'와 같이 어느 정도의 수준을 뜻하는 말이지요.

마음 상태를 말할 때는 심경이라고 해요. 일이 뜻대로 되지 않아 곤란한 상황은 곤경, 일이 잘 풀리지 않고 어려운 환경에 있는 경우에는 '어긋날 역(逆)' 자를 붙여 역경이라고도 해요.

- **선순환**(善좋을 선 循環)
  좋은 일이 되풀이되는 것
- **일환**(一한 일 環)
  서로 가깝게 관련되는 것들 가운데 하나
- **경계**(境 界지경 계)
  지역의 가장자리를 구분하는 한계
- **경계선**(境界 線줄 선)
  지역의 가장자리를 구분하는 한계선
- **국경**(國나라 국 境)
  나라와 나라 사이의 경계
- **접경**(接이을 접 境)
  경계가 아주 가까이 접해 있음
- **지경**(地,땅 지 境)
  일정한 테두리 안의 땅, 또는 일이 되어 가는 상태
- **경지**(境地)
  어느 정도의 수준
- **심경**(心마음 심 境)
  마음 상태
- **곤경**(困괴로울 곤 境)
  일이 뜻대로 되지 않아 곤란한 상황
- **역경**(逆어긋날 역 境)
  일이 잘 풀리지 않고 어려운 환경

1 공통으로 들어갈 낱말을 쓰세요.

1) ☐☐ ─ 음 식 ☐☐ ─ 건 축 ☐☐

2) ☐☐ ─ 참 고 ☐☐ ─ 학 습 ☐☐

재료	
자료	
음식 재료	
건축 재료	
학습 자료	
참고 자료	
목재	
철재	
인재	
소재	
취재	
재질	
원료	
식료품	
조미료	
자본	
자금	
물자	
기자재	
의료 기자재	
건축 기자재	
자질	

2 주어진 낱말을 넣어 문장을 완성하세요.

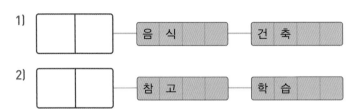

1) 목 / 철 재
나무로 된 재료는 ☐☐ ,
철로 된 재료는 ☐☐ 야.

2) 소 재 / 질
이 옷의 ☐☐ 이(가) 아주 부드러운 걸로 보아
천연 ☐☐ 인가 봐.

3) 자 본 / 질
우리 사장님은 ☐☐ 을 마련하는 데 상당한
☐☐ 이 있어.

4) 조 미 / 식 료 품
음식의 재료가 되는 물품은 ☐☐☐ ,
음식의 맛을 조절하는 재료는 ☐☐☐ (이)야.

3 문장에 어울리는 낱말을 골라 ○표 하세요.

1) 우리 회사는 뛰어난 (인재 / 목재)를 고용하려고 해요.

2) 이 옷은 (재질 / 자질)이 부드러워서 좋아요.

3) 기자가 수험생을 (소재 / 취재)하러 학교에 왔어요.

4) 나는 (조미료 / 원료)가 많이 들어간 음식은 입에 안 맞더라.

1 공통으로 들어갈 낱말을 쓰세요.

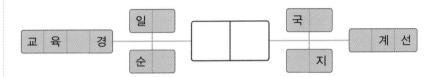

| 교 육 | 경 | 일 / 순 | ☐ ☐ | 국 / 지 | 계 선 |

| 환경 |
| 자연환경 |
| 생활 환경 |
| 가정 환경 |
| 교육 환경 |
| 순환 |
| 악순환 |
| 선순환 |
| 일환 |
| 경계 |
| 경계선 |
| 국경 |
| 접경 |
| 지경 |
| 경지 |
| 심경 |
| 곤경 |
| 역경 |

2 주어진 낱말을 넣어 문장을 완성하세요.

1) 환 경 / 계

우리를 둘러싼 모든 것은 ☐☐ ,

지역의 가장자리를 구분하는 한계는 ☐☐ (이)야.

2) 선 / 순 / 악 순 환

나쁜 일이 되풀이되는 것은 ☐☐☐ ,

좋은 일이 되풀이되는 것은 ☐☐☐ 이야.

3) 심 / 곤 경

욕설 파문으로 ☐☐ 에 처하셨는데,

지금 ☐☐ 이 어떠십니까?

4) 일 / 교 육 환 경

☐☐ ☐☐ 이 좋아지려면,

쉬는 것도 공부의 ☐☐ 으로 생각해야 해.

3 문장에 어울리는 낱말을 골라 ○표 하세요.

1) 스티브는 미국과 캐나다가 (접경 / 국경)한 지역에 살고 있어.

2) 어떤 (지경 / 역경)에도 굴하지 않고 계속 도전해서 끝내 성공했어.

3) 물은 증발해서 구름이 되었다가 다시 비가 되어 내리는 (순환 / 일환)을 하지.

4) (경지 / 곤경)에 처한 사람에게는 도움의 손길이 필요해.

와, 오늘은 공부도 하고, 책도 읽었네. **생산적**인 일을 많이 했구나!

생산적인 일을 했어

'참 예스럽다', '참 너답다'라는 말들을 종종 사용하죠? '~스럽다', '~답다'는 말은 어떠한 성질을 가졌다는 뜻이에요.

'~적'이라는 말을 사용하기도 해요. 필요한 물건을 만들어 내는 생산을 했을 때 "오늘은 생산적인 일을 했어."와 같이 말할 수 있어요. 이렇게 낱말 뒤에 적(的)을 붙여 성격과 상태를 나타낼 수 있답니다. 어떤 표현이 있는지 좀 더 알아볼까요?

성격과 상태를 나타내는 적(的)

우리의 생활에 필요한 돈이나 물건을 생산하고 분배하고 소비하는 활동을 경제라고 해요. 경제적이라는 말은 경제 활동과 관련된 것을 말하지요. 또 비용이나 시간을 줄인다는 상태를 나타낼 때도 쓰이는데, 예를 들어 용돈을 경제적으로 사용하라고 하잖아요.

이외에도 적(的)은 어떤 상태로 된다는 뜻을 나타내기도 해요. 자립은 남의 힘을 빌리지 않고 스스로 일어선다는 말이에요. 자립적이라는 말도 남에게 의지하지 않고 자기 스스로 일을 해내는 것을 뜻하지요. "학교 갈 준비를 스스로 해 나가다니, 넌 참 자립적이구나."와 같이 말할 수 있어요.

生	産	的
날 생	낳을 산	~하는 적

필요한 물건을 만들어 낸 상태

- **생산(生産)**
  필요한 물건을 만들어 냄
- **경제(經**경영할 경 **濟**구할 제**)**
  돈이나 물건을 생산·분배·소비하는 활동
- **경제적(經濟的)**
  경제 활동과 관련된 것 또는 비용이나 시간을 줄이는 상태
- **자립(自**스스로 자 **立**설립**)**
  남의 힘을 빌리지 않고 스스로 일어섬
- **자립적(自立的)**
  남에게 의지하지 않고 자기 스스로 일을 해내는 것

'적'이 활용되는 예

어떤 낱말에 '적'을 붙여서 성격이나 상태를 뜻하는 말들을 빈칸을 채워 가며 더 알아볼까요?

정상□ 아무 문제 없이 올바른 상태

　예) 기계가 정상적으로 돌아가고 있어요.

비정상□ 문제가 생긴 상태

　예) 기계가 비정상적으로 돌아가고 있어요.

계획□ 앞날의 일을 미리 생각해서 어떻게 할지 정하는 것

　예) 계획적인 지출을 해야 해요.

즉흥□ 미리 정하지 않고 생각나는 기분에 따라 행동하는 것

　예) 즉흥적으로 지출했어요.

긍정□ 어떤 사실이나 생각을 좋은 방향으로 받아들이는 것

　예) 긍정적인 생각을 하자.

부정□ 어떤 사실이나 생각을 나쁜 방향으로 받아들이는 것

　예) 부정적인 생각은 도움이 되지 않아.

가정□ 가정의 분위기를 물씬 풍기는 것 또는 가정에 충실한 것

　예) 우리 아빠는 가정적인 남자야.

본능□ 동물적인 감각이나 욕구

　예) 본능적으로 날아오는 공을 피했어.

직관□ 대상을 직접 파악하는 것

　예) 직관적으로 내 운명이라고 생각했어.

나는 **본능적**으로 간식이 숨겨진 곳을 알 수 있지!

정상적(正바를정 常항상상 的) 아무 문제 없이 올바른 상태

비정상적(非아닐비 正常的) 문제가 생긴 상태

계획적(計꾀계 劃그릴획 的) 앞날의 일을 미리 생각해서 어떻게 할지 정하는 것

즉흥적(卽곧즉 興흥할흥 的) 미리 정하지 않고 생각나는 기분에 따라 행동하는 것

긍정적(肯옳게 여길 긍 定결정할정 的) 좋은 방향으로 받아들이는 것

부정적(否아닐부 定的) 나쁜 방향으로 받아들이는 것

가정적(家집가 庭집안정 的) 가정의 분위기를 물씬 풍기는 것 또는 가정에 충실함

본능적(本근본본 能능할능 的) 동물적인 감각이나 욕구

직관적(直곧을직 觀볼관 的) 대상을 직접 파악함

🔔 '적'이 들어가지 않으면 다른 낱말과 연결할 수 없어요. '생산적인 일'이라고 하지만 '생산 일'이라고 할 수는 없지요.

	경			부			계			본				정
	제			정			획			능				상
자	립	적	긍	정	적	즉	흥	적	가	정	적	직	관	적

개념을 알면 쉬워

개 념

2가 두 개니까 4, 3이 두 개니까 6?

개념이 틀렸잖아. 더하기가 아니라 곱하기라고.

공부를 잘하려면 기본 개념을 아는 것이 아주 중요해요. 개념은 어떤 사물이나 현상에 대한 일반적인 지식이에요. '대략 개(槪)' 자와 '생각 념(念)' 자를 써서 대략적인 생각, 즉 일반적인 지식을 의미해요. 예를 들어 수학 시간에 곱셈식을 풀 때 곱셈 구구의 개념이 부족하거나, 개념이 확실히 서지 않으면 문제를 바르게 풀 수 없으니 개념 이해가 먼저 되어야겠죠?

대체로 그렇다는 뜻의 개(槪)

'대략 개(槪)' 자가 들어가는 말들은 '대략' 또는 '대체로'라는 뜻을 가지고 있어요. 빈칸을 채우며 더 살펴볼까요?

☐요는 대강의 주요 내용이라는 뜻이에요. 사건의 개요, 글의 개요 등으로 표현할 수 있어요.

☐괄은 중요한 내용을 간추려 뭉뚱그린다는 뜻이에요. 영화나 소설의 중요한 줄거리를 간추릴 때도 개괄한다고 말해요.

비슷한 낱말인 ☐략적은 대강 요약했다는 뜻이에요.

'대☐의 경우'라는 말을 들어 본 적 있나요? 여기에서 대개도 대체로 또는 대부분이라는 뜻이지요.

槪 대략 개	念 생각 념
사물 또는 현상에 대한 일반적인 지식	

■ **개요**(槪 要간추릴요)
대강의 주요 내용

■ **개괄**(槪 括묶을괄)
중요한 내용을 간추려 냄

■ **개략적**(槪 略다스릴략 的~하는적)
대강 요약하는 것

■ **대개**(大큰대 槪)
대체로 또는 대부분

생각의 여러 종류를 말할 때는 념(念)

념(念)이 들어가면 생각이나 마음을 가리키는 경우가 많아요.
어떤 일에 대해 갖는 생각을 관념이라고 해요.
건강에 유익하게 대책을 세우는 생각은 위생 관□,
시간을 소중히 여기는 생각은 시간 관□,
마음속에 굳어 쉽게 변하지 않는 생각은 고정 관□이에요.
"남자가 왜 울어, 바보처럼", "여자는 자고로 얌전해야지."
이런 말들 속에는 여자가 울기 잘하는 약한 존재라고 생각하는 잘못
된 고정 관념이 숨어 있어요.

신념은 굳게 믿는 생각이에요. 소
설이나 영화를 보면 신념을 지키
기 위해 적에게 항복하거나 타협
하지 않는 등장인물들을 볼 수 있
지요? 이렇게 신념을 지키는 사람
은 아주 멋지지요.

쓸데없는 잡스러운 생각은 잡념이
라고 해요. 반대로 한 가지 일에 매달려 마음을 쏟는 것은 집념이에
요. 비슷한 말로는 전념이 있어요. 오로지 한 가지 일에만 마음을
쏟는다는 뜻이에요.
생각을 끊어 버리는 일은 단념이에요. 마음에 품었던 생각을 포기한다
는 뜻이지요. 오랜 짝사랑을 단념하거나, 게임을 단념하기도 해요.
배려하고 신경을 쓰는 마음은 염려라고 해요.

- **관념**(觀볼 관 念)
  어떤 일에 대해 갖는 생각
- **위생 관념**(衛지킬 위 生생명 생 觀念)
  건강에 유익하게 대책을 세우는 생각
- **시간 관념**(時때 시 間사이 간 觀念)
  시간을 소중히 여기는 생각
- **고정 관념**(固굳을 고 定정할 정 觀念)
  마음속에 굳어 쉽게 변하지 않는 생각
- **신념**(信믿을 신 念)
  굳게 믿는 생각
- **잡념**(雜섞일 잡 念)
  잡스러운 생각
- **집념**(執모을 집 念)
  한 가지 일에 매달려 마음을 쏟음
- **전념**(專오로지 전 念)
  오로지 한 가지 일에만 마음을 씀
- **단념**(斷끊을 단 念)
  마음에 품었던 생각을 포기함
- **염려**(念 慮생각할, 걱정할 려)
  배려하고 신경 쓰는 마음

왜 지각했니?

아무리 바빠도 아침은 꼭 먹는다는 **신념**을 지키려고요.

| 개 | 요 | 대 | | | | 신 | | 집 | | 단 | |
| 괄 | | 개 | 략 | 적 | 시 | 간 | 관 | 념 | 잡 | 념 | 전 | 념 |

1 공통으로 들어갈 낱말을 쓰세요.

경 제			긍 정
자 립	생 산		가 정
계 획			본 능
직 관			즉 흥

2 주어진 낱말을 넣어 문장을 완성하세요.

1)

		즉
		흥
계	획	적

모든 일을 ☐☐☐으로 결정하지 말고, 차분히
계획을 세우는 ☐☐☐인 사람이 좀 돼 봐.

2)

		부
		정
긍	정	적

화가 날 때 ☐☐☐인 생각은 절대 도움이 되
질 않아. 즐거운 일을 떠올리는 등의 ☐☐☐
인 생각을 하면 훨씬 좋을 거야.

3)

		경
		제
생	산	적

오늘은 시간을 낭비하지 않고 ☐☐☐으로
사용해서 ☐☐☐인 일을 많이 했어.

3 문장에 어울리는 낱말을 골라 ○표 하세요.

1) 기계가 (정상적 / 본능적)으로 잘 돌아가고 있군.
2) 말씀하신 제안은 (긍정적 / 가정적)으로 검토해 보겠습니다.
3) 우리 아빠는 집안일을 함께하는 무척 (생산적 / 가정적)인 사람이야.
4) 너도 이제 성인이 되었으니 (직관적 / 자립적)인 사람이 되어야지.

생산적
생산
경제
경제적
자립
자립적
정상적
비정상적
계획적
즉흥적
긍정적
부정적
가정적
본능적
직관적

1 공통으로 들어갈 낱말을 쓰세요.

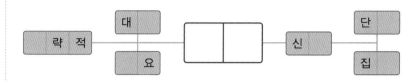

개념
개요
개괄
개략적
대개
관념
위생 관념
시간 관념
고정 관념
신념
잡념
집념
전념
단념
염려

2 주어진 낱말을 넣어 문장을 완성하세요.

1) ┌개│략│적┐   이 보고서의 ☐☐만 ☐☐☐으로 설명하
   └요┘   세요.

2) ┌──┬─┬신┐   ☐☐ ☐☐이 철저한 아빠는 손 씻기야말로
   └위│생│관│념┘   위생의 기본이라는 ☐☐이 있으셔.

3) ┌─┬단┐   그토록 ☐☐을 보이던 일이었지만, 시간이 흐르면서
   └집│념┘   그도 할 수 없이 ☐☐하고 말았어.

4) ┌대│개┐   일반적인 지식인 ☐☐은(는) ☐☐의 경우
   └─│념┘   명확히 알지 않으면 이해하기 어려워.

3 문장에 어울리는 낱말을 골라 ○표 하세요.

1) 이제는 당분간 운동에 (전념 / 신념)할 생각이야.
2) 어머니께서는 늘 가족들 걱정에 (단념 / 염려)이(가) 많으세요.
3) 어떤 일에 대해 갖는 생각은 (관념 / 잡념)이야.
4) 친구에게 소설의 줄거리를 (대개 / 개략적)(으)로 설명해 주었어.

그림 대회에서 대상을 받았어요! 이렇게 기쁠 수가 없네요. 너무나 좋아서 어쩔 줄을 모를 정도로 기쁜 것을 표현하는 낱말은 환희예요. '기쁠 환(歡)'과 '기쁠 희(喜)'가 만나 기쁨을 강조한 낱말이지요. 대체로 기쁘고 즐거운 일, 무척 좋은 일들을 표현하는 낱말에는 '환'과 '희'가 들어간 경우가 많답니다.

기쁘고 즐거울 때는 환(歡)

오래전부터 간절히 원하던 일이 이루어진다면 무척 기쁘겠죠?
이렇게 기쁠 때는 환호를 부르고 환성을 질러요.
'기쁠 환(歡)'에 '부를 호(呼)'를 쓴 환호는 기뻐서 부르짖는다는 뜻이에요. 환성은 기뻐서 지르는 소리예요. 성은 '소리 성(聲)'이지요.
환호성은 환성보다 좀 더 크게 부르짖는 기쁨의 소리고요.
☐담은 기쁘게 주고받는 이야기,
☐영은 오는 사람을 기쁘게 맞이하는 것,
☐송은 떠나는 사람을 기쁘게 보내 주는 것이에요.
환영과 환송은 기쁘게 대하는 것은 같지만 맞이하는 것과 보내는 것이 반대이기 때문에 반대말이기도 해요.

歡	喜
기쁠 환	기쁠 희

좋아서 어쩔 줄을 모를 정도로 기쁨

■ **환호**(歡 呼부를 호)
기뻐서 부르짖음

■ **환성**(歡 聲소리 성)
기뻐서 지르는 소리

■ **환호성**(歡呼聲)
기뻐서 크게 부르짖는 소리

■ **환담**(歡 談이야기 담)
기쁘게 주고받는 이야기

■ **환영**(歡 迎맞이할 영)
오는 사람을 기쁘게 맞이함

■ **환송**(歡 送보낼 송)
떠나는 사람을 기쁘게 보냄

환대는 기쁘게 맞이하며 후하게 대접하는 것을 뜻하는데, 반대말은 박대라고 해요. 여기서 '박'은 인정머리 없이 모질다는 뜻이에요.
기쁨의 반대말은 슬픔이겠지요? 슬픔에 해당하는 한자가 '슬플 애(哀)'예요. 그래서 애환이란 말은 슬픔과 기쁨을 아울러 말할 때 쓴답니다.

기쁨과 즐거움을 표현하는 희(喜)

기쁨을 뜻하는 한자 중에는 '기쁠 희(喜)'도 있어요. 기쁘고 좋고 즐겁다는 뜻이지요.
희열은 열심히 노력해서 뭔가 이루었을 때 느껴지는 기쁘고 즐거운 마음 상태를 뜻해요. 마라톤 코스 42.195km를 완주한 선수는 1등이든 꼴찌든 짜릿한 희열을 맛본다고 해요.
희(喜)와 반대의 뜻을 가진 한자는 '슬플 비(悲)'예요.
기쁜 내용을 담은 연극은 희극,
슬프게 끝맺는 연극은 비극이지요.
기쁜 소식은 희소식, 슬픈 소식은
비보라고 해요. 여기서는 소식을
뜻하는 '소식 보(報)' 자를 쓰지요.
희비는 기쁨과 슬픔을 뜻해요.
어떤 경기에서 이겼을 때 그 기쁨
이 얼굴에 배어 나오겠지요? 이
런 얼굴빛을 희색이라고 해요.

희소식과 비보가 있어요.
희소식은 시험 범위가
줄었다는 거고, 비보는 시험 날짜가
앞당겨졌다는 거예요

으악!

아유~

환대(歡 待대접할 대)
기쁘게 대접함

박대(薄야박할 박 待)
인정 없이 모질게 대함

애환(哀슬플 애 歡)
슬픔과 기쁨

희열(喜 悅기쁠 열)
열심히 노력해서 뭔가 이루었을 때 느껴지는 기쁘고 즐거운 마음 상태

희극(喜 劇연극 극)
기쁜 내용을 담은 연극

비극(悲슬플 비 劇)
슬프게 끝맺는 연극

희소식
(喜 消사라질 소 息숨쉴 식)
기쁜 소식

비보(悲 報소식 보)
슬픈 소식

희비(喜悲)
기쁨과 슬픔

희색(喜 色얼굴빛 색)
기뻐하는 얼굴빛

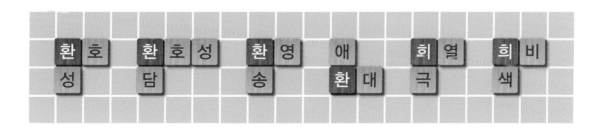

| 환 | 호 | | 환 | 호 | 성 | | 환 | 영 | | 애 | | 희 | 열 | | 희 | 비 |
| 성 | | | | 담 | | | | 송 | | 환 | 대 | 극 | | | 색 |

정말 비통한 심정이야

정말 마음이 **비통**하네.

사람이 살아가다 보면 기쁘고 행복한 일도 많지만 슬프고 아픈 일도 많아요. 전 세계 곳곳에는 전쟁, 가난, 가뭄과 홍수, 지진 같은 자연재해 등으로 슬픔과 고통에 빠진 사람들이 많잖아요. 이런 소식을 들으면 너무 슬퍼서 마음이 아프다는 뜻의 비통이라는 말을 써요. 비통의 비는 '슬플 비(悲)', 통은 '아플 통(痛)'이에요.

아주 슬픈 일에 관련된 낱말
아주 슬프고 끔찍한 일은 비극이에요. 우리나라는 같은 민족끼리 총을 겨누는 전쟁을 겪고 남북으로 분단되는 비극을 겪기도 했어요. 영국의 극작가 셰익스피어는 《햄릿》, 《리어 왕》, 《맥베스》, 《오셀로》등 4대 비극을 통해 인간에게 일어난 끔찍한 사건과 깊은 슬픔을 그리기도 했어요.
안 좋은 일이 생기면 비애에 잠겨요. 슬프고 서럽기 때문이지요. 자신의 형편이나 처지가 슬프다고 비관하기도 쉽지요. 하지만 슬픔을 억누르고 씩씩하게 행동하는 경우도 많은데, 이를 비장하다고 해요.
슬픈 사건이 일어났을 때 주로 쓰는 낱말도 있어요. 참사는 참혹하고 끔찍한 일이라는 뜻이에요. 참사 현장을 표현할 때 아주 슬프고

悲	痛
슬플 비	아플 통

너무 슬퍼서 마음이 아픔

■ **비극**(悲 劇심할 극)
슬프고 끔찍한 일

■ **비애**(悲 哀슬플 애)
슬픔과 실움

■ **비관**(悲 觀볼 관)
자신의 형편이나 처지, 앞날을 절망적으로 봄

■ **비장**(悲 壯씩씩할 장)**하다**
슬픈 마음을 억누르고 씩씩하다

■ **참사**(參 事일 사)
참혹하고 끔찍한 일

끔찍하다는 뜻으로 비참하다 또는 참혹하다고 말하지요. 하지만 세계 곳곳에서 참사가 일어났을 때 많은 사람들이 성금과 구호 물품을 보내 도움을 주는 아름다운 모습도 볼 수 있지요.

운동 경기나 싸움에서 아주 크게 지거나 실패했을 때는 참패를 당했다고 해요. 또는 더없이 참혹하다는 뜻으로 무참하게 졌다고도 말하지요. 전쟁이 일어나 수많은 사람들이 죽었을 때도 무참하게 죽었다고 해요.

아픔과 관련된 낱말

아픔을 나타낼 때는 '아플 통(痛)' 자를 써요.

몸이나 마음의 괴로움과 아픔은 고▢, 이로 인해서 아픈 증세는 ▢증, 마음이 아파서 소리를 높여 슬피 우는 것은 ▢곡이라고 해요.

몸이 아플 때는 아픈 부위를 나타내는 한자어 뒤에 통(痛)을 붙여서 말해요.

머리가 아픈 건 두▢, 이가 아픈 건 치▢, 허리가 아픈 건 요▢, 배가 아픈 건 복▢이라고 해요.

마음이 아플 때 쓰는 낱말도 있지요.

몹시 분하여 마음이 쓰리고 아픈 건 분통, 몹시 슬프고 가슴이 아픈 건 애통이라고 해요.

아프고 슬플 때 옆에서 같이 슬퍼하고 위로해 주는 가족이나 친구가 있다면 아픔이 반은 덜어지겠지요?

- **비참(悲 慘**참혹할 참**)하다**
  아주 슬프고 참혹하다
- **참혹(慘 酷**독할 혹**)하다**
  비참하고 끔찍하다
- **참패(慘 敗**패할 패**)**
  아주 크게 지거나 실패함
- **무참(無**없을 무 **慘)**
  더없이 참혹함
- **고통(苦**괴로울 고 **痛)**
  몸이나 마음의 괴로움과 아픔
- **통증(痛 症**증세 증**)**
  아픈 증세
- **통곡(痛 哭**울 곡**)**
  소리를 높여 슬피 움
- **두통(頭**머리 두 **痛)**
  머리가 아픔
- **치통(齒**이 치 **痛)**
  이가 아픔
- **요통(腰**허리 요 **痛)**
  허리가 아픔
- **복통(腹**배 복 **痛)**
  배가 아픔
- **분통(憤**분할 분 **痛)**
  몹시 분하여 마음이 쓰리고 아픔
- **애통(哀痛)**
  몹시 슬프고 가슴이 아픔

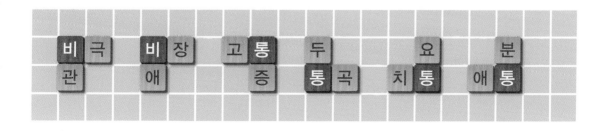

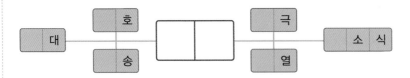환 희

❶ 공통으로 들어갈 낱말을 쓰세요.

```
        호                 극
  대                              소  식
        송                 열
```

환희
환호
환성
환호성
환담
환영
환송
환대
박대
애환
희열
희극
비극
희소식
비보
희비
희색

❷ 주어진 낱말을 넣어 문장을 완성하세요.

1) 환 영 / 송

한국에 오신 이모의 ☐☐회가 엊그제 같은데,
벌써 미국으로 돌아가시게 되어 ☐☐회를 해드렸어.

2) 희 극 / 비

기쁜 내용을 담은 연극은 ☐☐(이)라 하고,
기쁨과 슬픔을 합친 말은 ☐☐(이)라고 해.

3) 희 색 / 열

기뻐하는 얼굴빛은 ☐☐이라 하고,
기쁨과 즐거움은 ☐☐이라고 해.

❸ 문장에 어울리는 낱말을 골라 ○표 하세요.

1) 경기에서 이긴 선수들이 모두 (환성 / 환희)을(를) 질렀어.

2) 임진각에 가면 이산가족의 (희열 / 애환)이 느껴져.

3) 오늘은 신입생 (환영식 / 환송식)이 있는 날이야.

4) 오늘 형이 대학에 합격했다는 (희소식 / 비보)을(를) 들었어.

5) 내가 1등을 했다는 소식을 들은 가족 모두의 얼굴에 (희색 / 희극)이
   가득했어.

70

씨낱말
블록 맞추기

비 통

1 공통으로 들어갈 낱말을 쓰세요.

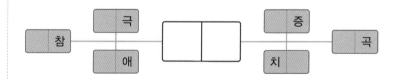

2 주어진 낱말을 넣어 문장을 완성하세요.

1) 비 극 / 관   전쟁과 지진 같은 ☐☐을 겪은 사람들은 너무 슬퍼서 ☐☐하기 쉬우니 잘 위로해 주어야 해.

2) 비 장 / 애   적과의 싸움 중에 부하를 잃는 장수는 ☐☐을(를) 느껴도 다시 ☐☐하게 일어나 싸워야 한다.

3) 분 / 통 곡   자신이 세운 공을 빼앗긴 친구는 너무 ☐☐이 터져서 결국 ☐☐하고 말았다.

4) 두 / 치 통   이가 아픈 ☐☐이 심하면 머리까지 욱신거리는 ☐☐이 온다.

3 문장에 어울리는 낱말을 골라 ○표 하세요.

1) 우리나라는 같은 민족끼리 총을 겨누는 전쟁을 겪고 남북으로 분단되는 (비극 / 비애)을(를) 겪었다.
2) 백화점 건물이 무너져 많은 사람이 죽고 다치는 (참사 / 무참)이(가) 일어났다.
3) 부모보다 자식이 먼저 죽는 일이 가장 (비장 / 애통)한 일이래.
4) 축구 시합에서 우리 팀이 10:0으로 (참패 / 무참)하고 말았다.
5) 엄청난 자연재해가 일어난 현장은 너무 (복통 / 참혹)하다.

비통
비극
비애
비관
비장하다
참사
비참하다
참혹하다
참패
무참
고통
통증
통곡
두통
치통
요통
복통
분통
애통

어휘 퍼즐

		3)						8)
	2)		4)				7)	
1)						6)		
					5)			
	13)	14)						
9)		15)	16)					22)
		17)	18)					
10)	11)						21)	
	12)			19)	20)			

정답 | 142쪽

🔑 가로 열쇠

1) 머리가 아픔
2) 정상적 ↔ ○○○○
5) 더 높은 자리로 올라감
6) 간접 ↔ ○○
7) 경험한 것이 마음속에 강하게 기억되는 것
10) 좋아서 어쩔 줄을 모를 정도로 기쁨
12) 물건을 만들 때 기본 요소가 되는 재료
13) 하려는 말의 목적
15) 스스로 행동하고 결정하여 움직이는 것. 수동 ↔ ○○
17) 갖가지 감정이 일어나는 실마리
19) 두 가지 전제를 바탕에 깔고 마지막에 결론을 내는 것
21) 얽힌 일을 풀어 처리함. "모두 힘을 합쳐 이 문제를 ○○합시다."

🔑 세로 열쇠

2) 너무 슬퍼서 마음이 아픔
3) 사람에게 다정한 마음
4) 눈에 보이지 않는 개념을 구체적인 사물로 나타내는 것. "비둘기는 평화를 ○○해."
6) 후진 ↔ ○○
7) 매우 가까움
8) 사물의 생긴 모양
9) 선순환 ↔ ○○○
11) 기쁜 소식
14) 지혜와 능력
16) 남의 처지를 나의 일처럼 느끼는 마음
18) 글을 쓰게 된 동기, 목적 등 글의 실마리를 서술하는 글의 첫 부분. ○○ → 본론 → 결론
20) 마음에 품었던 생각을 포기함
21) 해결하는 방법
22) 이어져 맺어짐. "이 다리는 섬까지 ○○되어 있어."

2장

비교할 테면 비교해 봐

엄마 친구 아들은 또 100점 맞았단다! 넌 도대체!

으아악~ 또 엄친아

꿋꿋

남과 비교당하면 참 속상해요. 하지만 '비교'가 원래 나쁜 것은 아니에요.

비교(比較)는 비슷한 점과 다른 점을 밝힌다는 말이에요.

청주 고인쇄 박물관에 가면 동서양의 인쇄 문화를 볼 수 있어요. 이곳은 동양의 종이와 서양의 양피지나 파피루스, 동양의 목판과 서양의 구텐베르크 활자 등을 서로 비교해 놓은 방이에요.

그래서 이곳에서는 동·서양의 인쇄 문화를 한눈에 비교할 수가 있어요. 어때요, 비교가 원래부터 나쁜 말은 아니죠?

다음 빈칸에 공통으로 들어갈 말은 뭘까요? (   )
- 이번 시험은 다른 때에 비해 □□□ 쉬웠어.
- 이 두부는 가격이 □□□ 싼 편이지만, 맛은 아주 좋아.

① 가급적   ② 비교적   ③ 비유적   ④ 대조적

맞아요, 정답은 ②번, 비교적이죠.

이번 시험이 다른 때와 견주어 보았을 때 쉬웠다는 말이고,

보통 두부의 값과 견주어 보았을 때 값이 싸다는 말이에요.

比 | 견줄 비

■ 비교(比較견줄 교)
서로 견주어 비슷한 점과 다른 점 등을 밝힘
■ 비교적(比較 的~하는 적)
다른 것과 견주어 보면

🔔 양피지와 파피루스

양피지(羊양 양 皮가죽 피 紙종이 지)는 양의 가죽으로 만든 종이고, 파피루스는 파피루스라는 풀로 만든 종이를 말해요.

이렇게 비(比)는 '견주다', '비교하다'라는 뜻을 가지고 있어요.

교통 표지판과 횡단보도에는 왜 이런 특정한 색을 쓸까요?
눈에 잘 띄게 하기 위해서예요. 이런 것을 '색의 대비'라고 해요.
대비는 서로 맞대어 비교한다는 뜻이에요.
심하게 비교되어 차이가 닐 때, 대비되다는 말을 쓰지요.
오른쪽 그래프를 보면 노란색이 가장
큰 부분을 차지하고 있죠? 우리나라
의 수입 품목 중 원유, 철광석, 석탄
같은 주요 원자재의 수입 ☐☐이
높다는 뜻이에요.

품목별 수입 상품(단위 : %)
■ 소비재
■ 자본재
□ 원자재

> 위 설명에서 빈칸에 들어갈 말은 다음 중 무엇일까요? (   )
>
> ① 비교   ② 비등   ③ 성비   ④ 비중

정답은 ④번이에요. 비중은 다른 것과 비교할 때 차지하는 중요도
를 말해요. 흔히 비중이 높다, 비중이 낮다 혹은 비중이 크다, 비중
이 작다로 표현하지요.
한편, 비등이라는 말은 서로 비슷함을 뜻해요.
비등비등이라고 두 번 써서 강조하면, 서로 엇비슷하게라는 말이
돼요. "성적이 비등비등하다.", 또는 "이 팀과 지 팀은 실력이 비등
비등 맞먹어."라는 식으로 말할 수 있어요.

比 **비교할 비**

■ **대비**(對맞댈 대 比)
서로 맞대어 비교함,
심하게 비교되어 차이가 남

🔔 **전년 대비**
"전년 대비 수출액이 30% 이
상 올랐다."라고 하면, 전해의
수출액과 맞대어 비교했을 때,
올해 수출액이 30% 이상 올랐
다는 뜻이에요.

■ **비중**(比 重무게 중)
다른 것과 비교하여 차지하는
중요도
■ **비중이 높다**
= **비중이 크다**
중요도가 높다
■ **비중이 낮다**
= **비중이 작다**
중요도가 낮다
■ **비등**(比 等같을 등)
비교하여 볼 때 서로 비슷함
■ **비등비등**(比等比等)
여럿이 서로 엇비슷하게

태극 무늬가 들어간 멋진 방패연
이군요! 이 방패연의 가로 길이는
40cm, 세로 길이는 60cm예요.
가로와 세로의 길이를 서로 비교하
여 간단히 나타내고 싶다면,
어떻게 하면 될까요?

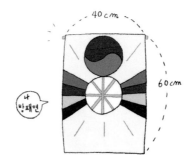

기호 ' : '을 써서 40 : 60이라고 쓰기만 하면 된답니다.

그리고 '사십 대 육십'이라고 읽어요.

이렇게 둘 이상의 수와 양을 서로 비교하여 숫자로 간단히 나타낸
것을 비(比)라고 해요. 그러니까 우리는 앞에서 방패연의 가로 길이
와 세로 길이의 '비'를 알아본 거네요.

남녀 성별의 비는 성비라고 하지요.

그런데 성비는 여자의 수를 기준으로 삼아요.

여자의 수와 비교해서, 남자의 수가 많으면 성비가 높다라고 말해
요. 반대로 남자의 수가 적으면 성비가 낮다라고 말하지요.

비율은 '비'와 비슷한 말이에요. 기준량에 비교한 크기를 말해요.
민수네 반 학생이 모두 40명인데, 그중에서 안경을 쓴 아이가 30
명이라면, 40명을 기준으로 삼아 안경을 쓴 아이의 비율은 $\frac{30}{40}$ 으
로 나타낼 수 있어요.

비율은 이렇게 분수로 나타내기도 하고, 또 분수를 소수로 바꿔 나
타내기도 해요.

比 비율 비

▶ **비(比)**
둘 이상의 수나 양을 서로 비교
하여 숫자로 나타낸 것

▶ **비율**(比 率비례율 율)
기준량에 비교했을 때의 크기

▶ **성비**(性성별성 比)
성별의 비

🔔 **황금비**
선분을 가장 아름답고 안정되게
나누는 비율을 '황금 비율'이라
고 해요. 예술품이나 액자, 엽
서, 책, 사진, 신용 카드 같은
생활용품은 황금비를 생활 속에
적용한 예이지요.

🔔 **성비 보는 법**
성비는 보통 여자를 100으로
놓고 계산해요. 성비가 95면,
성비가 낮은 것이고, 따라서 남
자의 수가 여자보다 적은 것이
에요.

🔔 **백분율**
백분율(百백백 分나눌분 率비
율율)은 전체를 100으로 놓고,
그에 대해 차지하는 비율을 나
타낸 거예요. 백분율 기호는 %
(퍼센트)이지요.

어? 나란히 서 있던 두 사람이 한자 '比'로 변했네요. 비(比)는 원래 '나란히 서서' 같은 방향을 보고 있는 두 사람의 모양을 본떠서 만든 글자거든요. 그래서 '나란히 하다'의 뜻으로도 쓰여요.

빗살처럼 빽빽하고 가지런히 서 있는 것, 또는 나란히 줄지어 서 있는 모양을 즐비하다라고 말하잖아요.

대도시에는 하늘에 닿을 것 같은 고층 빌딩들이 즐비하게 들어서 있고, 꽉 막힌 도로에 차들이 즐비하지요.

'나란할 비(比)'가 쓰인 다른 말을 알아볼까요?

비견이라는 말은 '어깨를 나란히 하다'라는 뜻이에요.

어느 한쪽이 앞서거나 뒤서지 않고, 서로 어깨를 나란히 하여 가는 모습을 말하지요. 그래서 이 말은 서로 정도가 비슷하다는 뜻이에요.

"그의 게임 실력은 프로게이머에 비견할 만하다."라는 식으로 쓸 수 있어요.

比 나란할 비

■ 즐비(櫛빗살즐 比)
빗살처럼 나란히 줄지어서 있음

즐문 토기
즐(櫛)은 '빗'을 의미하는 한자어예요. 그래서 신석기 시대의 대표적인 토기인 빗살무늬 토기를 '즐문 토기'라고도 해요.

중서부 지역 '즐문 토기'
(국립중앙박물관 소장 중박 200803- 33)

■ 비견(比 肩어깨 견)
어깨를 나란히 함

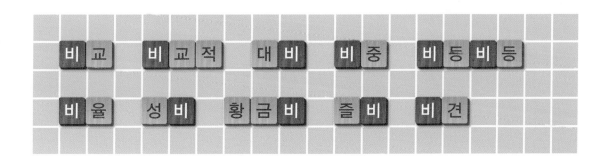

씨글자
블록 맞추기

比
견줄 비

① 공통으로 들어갈 한자를 따라 쓰세요.

교
중 — 황 금
등

比
견줄 비

전 년 대

대
성
즐

비교

비교적

양피지

파피루스

대비

전년 대비

비중

비중이 높다

비중이 크다

비중이 낮다

비중이 작다

② 어떤 낱말에 대한 설명인지 쓰세요.

1) 서로 맞대어 비교함 ➡ ☐☐

2) 어깨를 나란히 함 ➡ ☐☐

3) 여럿을 견주어 보아 서로 엇비슷함 ➡ ☐☐

4) 남녀 성별의 비 ➡ ☐☐

5) 다른 것과 비교하여 차지하는 중요도 ➡ ☐☐

③ 알맞은 낱말을 찾아 문장을 완성하세요.

1) 우리 엄마는 나를 동생이랑 자꾸만 ☐☐하셔.

2) 흰색과 검은색은 서로 ☐☐되는 색이야.

3) 우리나라의 수입 품목 중 원자재의 수입 ☐☐이(가) 가장 높아.

4) 신도시에는 고층 아파트가 ☐☐하게 들어서 있어요.

④ 문장에 어울리는 낱말을 골라 ○표 하세요.

1) 엄마, 옆집 아이와 (비교 / 비율)하지 마세요.

2) 오늘 신문은 대통령 선거의 결과를 (비견 / 비중) 있게 다루고 있다.

3) 두 팀은 우열을 가릴 수 없을 정도로 (즐비 / 비등)한 경기를 펼쳤어.

⑤ 그림을 보고, 빈칸에 들어갈 알맞은 낱말을 쓰세요.

⑥ 빈칸에 들어갈 알맞은 낱말을 고르세요. (   )

> 현민 : 우리 반은 남학생이 여학생보다 훨씬 많아.
> 종석 : 우리 반도. 나도 여자 짝이 없는걸.
> 수지 : 요새 대부분의 초등학교에서 남자 아이 (   )하더라.

① 비중이 높다고   ② 성비가 높다고

③ 황금비라고   ④ 대비된다고

비등

비등비등

비

비율

성비

황금비

백분율

즐비

즐문 토기

비견

가면을 벗고 진짜 얼굴을 보여 줘

假
거짓 가

아이들이 □□극을 하고 있군요. 무대 뒤에 있는 친구는 □□이 없어져서 당황해하고 있어요. 빈칸에 공통으로 들어갈 말은 무엇일까요? (   )

① 무언   ② 영화   ③ 무용   ④ 가면

假 | 거짓 가

■ **가면**(假 面얼굴 면)
진짜 얼굴을 감추거나, 꾸미기 위해 만들어 쓰는 가짜 얼굴

■ **가면극**(假面 劇연극 극)
가면을 쓰고 하는 연극

■ **가발**(假 髮머리털 발)
가짜 머리털

■ **가장**(假 裝꾸밀 장)
얼굴이나옷, 몸짓을 가짜로 꾸밈

너무 쉬운가요? 정답은 ④번이지요. 가면을 쓰면 진짜 내 얼굴이 아닌 기린이나 토끼 얼굴을 하게 되지요. 가면(假面)은 가짜 얼굴이라는 뜻이에요. 또 가면을 쓰고 하는 연극은 가면극이고요.

아니? 훌러덩 벗겨진 저게 뭐죠? 줄리엣의 머리가 '가발'이었군요! 가발은 가짜 머리털이라는 말이에요. 연극 배우는 가발을 쓰고 줄리엣으로 '가장'을 했던 거네요. 가장은 가짜로 꾸민다는 말이에요. 이렇게 가면, 가발, 가장에서처럼 가(假)는 '가짜'를 뜻해요.

🔔 **가장행렬**
가장한 사람들이 줄을 지어 다니는 것을 가장행렬(假 裝 行다닐 행 列줄 렬)이라고 불러요. 운동회나 축제, 기념일에 가장행렬을 하지요.

80

假 **거짓 가**

■ **가명**(假 名이름명)
가짜 이름
■ **가성**(假 聲소리성)
가짜 목소리

경찰 아저씨가 청소부로 가장을 했네요.
여기서 가장은 상대방이 나를 알아보지 못하게
태도를 거짓으로 꾸미는 것이에요. 경찰인 것을
알면 범인 근처에 잡으러 갈 수 없으니까 경찰
이 아닌 척하려고 청소부로 가장한 거지요.
가장을 하면 이름도 가짜를 쓰는 게 좋겠지요?
가짜 이름을 가명이라고 해요. 연예인처럼 방송
활동을 하는 사람들은 가명을 많이 쓰지요.
재미난 가명 때문에 종종 헷갈리기도 해요.

> 가수들이 높은 음을 낼 때는 원래 자기 목소리가 아닌 가짜
> 목소리를 내요. 이 소리를 뭐라고 할까요? (   )
>
> ① 고성   ② 가성   ③ 발성   ④ 음성

■ **가분수**(假 分나눌분 數수수)
가짜 분수, 분자가 분모보다 큰
분수
■ **진분수**(眞참진 分數)
진짜 분수, 분자가 분모보다 작
은분수

정답은 ②번, 가성이에요. 가성은 원래 목소리보다 가늘고 힘이 없
는데, 이걸 듣기 좋게 부르는 것도 보통 재주는 아니에요.
마지막으로 가분수의 비밀을 알려 줄게요. 분수는 원래 분자가 분
모보다 작아야 해요. 그런데 분자가 분모보다 큰 분수도 있잖아요.
이 분수를 가분수라고 해요.
가분수는 가짜 분수라는 뜻이에요. 분수인 척하는 분수라는 말이죠.
분자가 분모보다 작은 분수는 진짜 분수니까 '참 진(眞)' 자를 써서
진분수라고 해요.

가(假)의 뜻이 뭐라고요? 가짜라고 했지요. 진짜, 혹은 확실한 것과는 반대편에 있는 말이에요.

그래서 가(假)에는 '임시'라는 뜻도 있어요.

'가봉'은 무슨 말일까요? 옷을 완성하기 전에 잘 맞는지 보려고, 임시로 바느질해서 입어 보거든요.

이것을 '임시 가(假)', '바느질 봉(縫)'을 써서 가봉이라고 해요.

드레스가 너무 커!

그러게 **가봉**을 했어야지!

헐떡~

글을 쓰고 제목을 확실하게 정하지 못하면 임시로 제목을 지어요. 이걸 뭐라고 할까요? (   )

① 소제목　　② 가제목　　③ 부제목　　④ 대제목

맞아요. 정답은 ②번, 가제목이에요. 임시 제목이니까 가제목이죠.

어떤 시설이나 물건에도 임시로 이름을 붙일 때가 있어요. 이건 가칭(假稱)이라고 해요. '임시로 부르는 이름'이라는 뜻이지요.

그럼 임시로 이루어진 것들을 보면서 낱말을 익혀 볼까요?

임시로 지은 건물은 □건물, 임시로 설치한 무대는 □설무대, 정해진 날짜 이전에 임시로 월급을 지불하는 것은 □불이에요.

원래 다음 달에 받아야 할 용돈을 이번 달에 미리 받게 되면, 용돈을 가불하는 셈이에요.

오른쪽 그림을 보세요.

여자 친구에게 선물을 사 주려면 용돈을 가불해야 할 상황이네요.

하지만 미리 받아서 쓰면 다음 달에도 또 부족하겠죠? 그러니까 되도록 가불은 하지 않는 것이 좋겠지요.

나 곰돌이 사줘.

10,000

윽, 이번 달도 용돈 **가불**? ㅠㅠ

假　임시 가

■ **가봉**(假 縫바느질봉)
임시로 바느질함

■ **가제목**(假 題얼굴제 目눈목)
임시 제목

■ **가칭**(假 稱부를칭)
임시로 부르는 이름

■ **가건물**
(假 建세울건 物물건물)
임시로 지은 건물

■ **가설무대**
(假 設세울설 舞춤무 臺대대)
임시로 설치한 무대

■ **가불**(假 拂지불불)
정한 날짜 전에 임시로 지불함

🔔 **가량**

가량(假 量헤아릴량)은 원래 대강의 양이라는 뜻이에요. '12세 가량'같이 정확하게 말할 수 없을 때 쓰지요.

假 **임시 가**

▪ **가정**(假 定정할 정)
임시로 어떤 상황을 정함

假 **가정할 가**

▪ **가령**(假 令이를테면 령)
가정하여 말하면
▪ **가상**(假 想상상할 상)
가정하여 상상함
▪ **가상도**(假 想 圖그림 도)
가상으로 생각한 것을 그린 그림
▪ **가설**(假 說설명 설)
가정하여 설명하는 것

가정(假定)은 임시로 어떤 상황을 정해 보는 것이에요. 일어나지 않은 일을 가정할 수 있고, 사실과 반대로 가정할 수도 있어요. 이렇게 가(假)는 '가정하다'라는 뜻으로도 쓰여요.
어떤 상황을 가정하여 말할 때는 '가령'이라는 말로 시작할 수도 있어요. 가령은 가정하여 말한다는 뜻이죠.
있지 않은 일을 가정하여 상상하는 것은 가상이에요.
가상으로 생각한 것을 그림으로 그린 것을 가상도라고 해요.
과학자들은 상상에 그치지 않고 '가설'을 세워요. 가설(假說)은 어떤 것을 가정하여 설명해 보는 것이에요.
만약 학습지를 빠짐없이 푼다면 엄마가 게임기를 사 주실 것이라는 생각은 가설이지요.
학습지를 빠짐없이 푸는 행동은 가설을 실험해 보는 것이고, 그 결과 엄마가 게임기를 사 주셨다면 가설이 증명된 거죠.
과학자들도 이런 가설을 세우는 방법으로 여러 가지 과학적 사실을 발견하지요.

가면

가면극

가발

가장

가장행렬

가명

가성

가분수

진분수

1 공통으로 들어갈 한자를 따라 쓰세요.

면
발 — 분 수 — 假 — 제 목
장   거짓 가

령
성
칭

2 어떤 낱말에 대한 설명인지 쓰세요.

1) 대강의 양, 얼마쯤 ➡ ☐☐

2) 봉급을 임시로 미리 지불하는 것 ➡ ☐☐

3) 임시로 지은 건물 ➡ ☐☐☐

4) 임시로 설치한 무대 ➡ ☐☐☐☐

5) 태도를 거짓으로 꾸밈 ➡ ☐☐

3 알맞은 낱말을 찾아 문장을 완성하세요.

1) 아빠는 대머리를 가리는 ☐☐ 을(를) 생일 선물로 받고 좋아하셨어.

2) 나는 배우가 되면, 진짜 이름이 아닌 ☐☐ (으)로 활동할 거야.

3) 그 노래의 고음 부분은 너무 높아서 ☐☐ 을(를) 내야만 해.

4) 우리 모둠은 이번 축제 때 외계인으로 ☐☐ 행렬을 할 거예요.

4 문장에 어울리는 낱말을 골라 ○표 하세요.

1) 우리 동네에서 만들어진 독서 모임은 (가칭 / 가령) '생각 둥지'야.

2) 네가 케이크 몰래 먹었지? 안 먹은 척 (가장 / 가정)하지 마.

3) 지구 온난화로 빙하가 모두 녹아 버릴 것이라는 (가성 / 가설)도 있어.

5 밑줄 친 낱말의 뜻과 같은 것을 고르세요. (   )

> 가령 내가 여자가 아니라, 남자라면 어땠을까?

① 확신하다   ② 좌절하다

③ 반가워하다   ④ 가정해서 말하다

6 그림을 보고, 빈칸에 들어갈 알맞은 낱말을 [보기]에서 찾아 쓰세요.

[보기]   가장행렬   가면   가봉   가분수

1) 잘 맞네요. 이제 제대로 바느질해 드리죠.

(   )

2) 야, 무거워!

(   )

3) 내 진짜 얼굴은 아무도 모르지.

(   )

4) 저 속에 누가 들었대?

(   )

가봉

가제목

가칭

가건물

가설무대

가불

가량

가정

가령

가상

가상도

가설

이게 웬 떡, 이게 웬 횡재!

財
재물 재

올해 재물운이나 봐 주쇼.

볼 것도 없어! 아주 재수 없어!

재물(財物)이란 값나가는 물건을 말해요. 돈이나 금, 보석 같은 것 말이에요. 재(財)가 들어가면 재물과 관련된 말을 뜻해요.

財 재물 재

■ 재물(財 物물건 물)
값나가는 물건

■ 재수(財 數운수 수)
재물이나 좋은 일이 생길 운수

■ 손재수(損손해볼 손 財 數)
재물을 손해 볼 운수

■ 재산(財 産재산 산)
개인이나 기업이 가진 재물, 소중한 것

오른쪽 그림의 빈칸에 가장 어울리는 말은 무엇일까요? (   )

① 재물   ② 재산
③ 재치   ④ 재수

야옹보살

괜히 왔네. 첫, □□없어.

네, 정답은 ④번, 재수이지요. 재수는 원래 재물이 생길 운수를 말해요. 재물이 생기면 좋을까요, 나쁠까요? 당연히 좋겠죠! 그래서 좋은 일이 있을 운수를 재수라고 하지요. 반면 손재수는 재물을 잃을 운수를 뜻해요. 재물과 비슷한 말은 재산이에요. 재산은 개인이나 기업이 가지고 있는 재물을 뜻해요. 하지만 '든든한 두 자식이 가장 큰 재산이다'와 같은 경우에는 소중한 것을 뜻하는 말로 쓰인 거예요.

뭐? 우리 집이 벼락에 맞았다니!? 손재수 팔자라더니…

🔔 재테크

한자어 '재무(財 務일 무)'와 기술이라는 뜻의 영어 '테크놀로지(technology)'가 결합된 말이지요.
재테크는 높은 이익을 얻을 수 있는 주식 투자나 펀드 등을 통해 기술적으로 돈을 늘리는 기법을 말해요.

재산 가운데 책이나 게임 소프트웨어처럼 사람의 지식이나 재능으로 이룬 재산은 특별히 지식 재산이라고 말해요.

그림의 빈칸에 가장 어울리는 말은 무엇일까요? (　　)

① 영토권　　② 스타일
③ 자존심　　④ 재산권

정답은 ④번이에요.

자신의 재산에 대한 권리는 재산권이라고 해요.

따라서 지식 재산권은 '지적 재산'에 대한 권리를 뜻하겠죠?

이것을 다른 말로 지식 소유권이라고도 해요.

돈이나 재산에 관련된 말들로 다음 빈칸을 채워 보세요.

개인이 소유하고 있는 새산은 사□, 돈이나 재산을 돌보고 꾸리는 일은 □무, 국가나 정부 단체에서 하는 돈과 관련된 여러 가지 일은 □정, 재정이 부족하여 생기는 어려움은 □□난이라고 해요.

빈칸을 채워 완성된 낱말은 사재, 재무, 재정, 재정난이에요.

재정난을 극복하려면 부족한 돈이나 재물이 나올 수 있는 곳을 빨리 찾아야겠죠? 이런 곳을 재원이라고 불러요.

'이게 웬 떡이냐?'와 의미가 같은 말은 무엇일까요? (　　)

① 횡재　　② 사재　　③ 가재　　④ 축재

맞아요. ①번, 횡재예요. 흔히 '횡재했다'라고 많이 하잖아요.

횡재란 갑작스러운 뜻밖의 재물을 말해요. 이런 재물을 얻는다는 말이기도 하지요.

가재는 집안의 재물이나 재산을 뜻하고요.

'가재도구'와 같이 쓰지요.

🔔 **자산**

기업이 가진 재산은 특별히 자산(資재물 자 産재산 산)이라고 부르기도 해요.

財　재물 재

■ **지식**(知알 지 識알 식) **재산**
사람의 지식이나 재능으로 이룬 재산

■ **재산권**(財産 權권리 권)
재산에 대한 권리

■ **지식 재산권**(知識財産權)
= **지식 소유권**
지적 재산에 대한 권리

■ **사재**(私개인 사 財)
개인이 소유한 재산

■ **재무**(財 務일 무)
재산을 돌보고 꾸리는 일

■ **재정**(財 政다스릴 정)
국가나 정부 단체에서 하는 돈과 관련된 여러 가지 일

■ **재정난**(財政 難어려울 난)
재정이 부족하여 생기는 어려움

■ **재원**(財 源원천 원)
돈이나 재물이 나오는 곳

■ **횡재**(橫뜻밖의 횡 財)
뜻밖의 재물, 또는 그런 재물을 얻음

■ **가재**(家집 가 財)
집안의 재물이나 재산

체력은 몸의 힘, 재력은 재물의 힘을 뜻해요. 재물로써 할 수 있는 일이 많이 있으니까, 재물도 힘이 있다고 생각하는 거죠.
재물을 많이 가진 사람은 재력가라고 하지요.

이거 완전 **부정 축재**잖아!

부정 축재? 어려운 말이네요. 축재는 무슨 뜻일까요? (   )

① 재산을 쌓다   ② 재주를 쌓다   ③ 물건을 훔치다

잘 맞혔나요? 정답은 ①번이에요. 올바르지 못한 방법으로 재산을 모으는 것을 부정 축재(不正 蓄財)라고 하는 거예요.
빈칸을 채우면서 새로운 낱말들을 익혀 볼까요?
대기업을 운영하거나 큰 재산을 소유한 사람들의 세계는 ◻계라고 해요. 이들이 모이면 뉴스에서 '◻계 인사들이 모임을 가졌다'라고 하지요. 빈칸에 들어갈 말을 채우면 재계예요.

재계에서도 특히 막대한 재산을 가지고 여러 기업을 거느리며 큰 세력을 떨치는 기업가의 무리는 ◻벌이라고 하죠. ◻벌은 대를 이어 기업과 재산을 소유하지요. 빈칸에 들어갈 말을 채우면 재벌이에요.

일정한 목적으로 내놓은 재물을 운영하기 위해 만든 집단은 ◻단이에요. 학교 ◻단, 종교 ◻단 등이 있지요. 이들은 돈벌이가 목적이 아니에요. 사회적으로 유익한 활동을 하기 위해 여러 사람이 모여서 만들어요. 빈칸에 들어갈 말을 채우면 재단이에요.

財 **재물 재**

■ **재력**(財 力힘력)
재물로 무언가를 할 수 있는 힘

■ **재력가**(財 力 家사람 가)
재력이 있는 사람

■ **축재**(蓄쌓을축 財)
재물을 쌓음

■ **부정 축재**(不아니부 正바를정 蓄財)
바르지 않은 방법으로 재물을 쌓음

■ **재계**(財 界세계 계)
큰 재산을 소유한 사람들의 세계

■ **재벌**(財 閥가문 벌)
대를 이어 기업과 막대한 재산을 소유하면서 큰 세력을 떨치는 무리

■ **재단**(財 團단체 단)
일정한 목적으로 내놓은 재물을 운영하기 위해 만든 단체

🔔 **재단**
'재단'은 기업과 달리 돈벌이가 목적이 아니기 때문에, 이익을 추구하지 않는 비영리 단체예요. 학교 법인, 종교 법인 등이 있어요.

🔔 **법인**
법인(法법법 人사람 인)은 사람처럼 법적인 권리를 갖는 단체를 말해요.

재화는 우리의 필요를 만족시켜 주는 물건이나 상품을 뜻하는 말이에요. 햇빛이나 물도 우리에게 유익하게 쓰이면 재화이지만, 아무 쓸모도 없다면 재화가 아니겠죠? 그래서 우리 주변에서 필요를 만족시켜 줄 수 있는 것들에는 재(財)라는 말이 붙어요.

어떤 재화가 있는지 빈칸을 채워 볼까요?
놀이터나 도서관은 어느 한 집안의 재물이나 재산이 될 수 없지요. 이렇게 국민이 낸 세금으로 만든 물건이나 시설을 공공☐라고 해요. 공공재는 모든 사람이 공동으로 쓰는 것을 말해요.
한편, 우리가 일상생활에 필요하기 때문에 직접 소비하는 재화를 소비☐라고 해요.
소비재에는 식료품이나 옷, 가구, 주택, 자동차 등이 있지요.
이러한 소비재를 만드는 재료는 생산에 쓰이는 재화라 하여 생산☐라고 하고요. 나무, 도구, 기계, 공장 등은 모두 생산재이지요.
똑같은 재화가 소비재도 되고 생산재도 될 수 있을까요?
맞아요. 전기나 가스는 가정에서 쓰면 소비재이지만, 공장에서 물건을 만들어 내기 위해 쓰면 생산재라고 하거든요.

財 재화 재

■ **재화**(財 貨재화화)
우리의 필요를 만족시켜 주는 모든 물건
■ **공공재**(公여러공 共함께공 財)
많은 사람이 공동으로 사용하는 물건이나 시설

■ **소비재**(消사라질소 費쓸비 財)
써서 사라지는 재화, 일상생활에서 직접 소비하는 재화
■ **생산재**(生날생 産낳을산 財)
생산에 쓰이는 재화

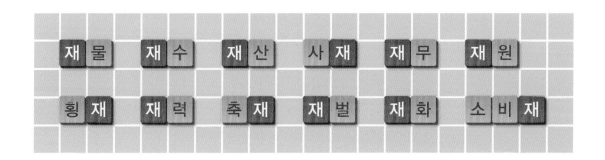

재물 재수 재산 사재 재무 재원
횡재 재력 축재 재벌 재화 소비재

財
재물 재

재물

재수

손재수

재산

재테크

자산

지식 재산

재산권

지식 재산권

지식 소유권

사재

재무

재정

재정난

재원

❶ 공통으로 들어갈 한자를 따라 쓰세요.

물					사
수	공 공	財	지 적 산	횡
산		재물 재		축

❷ 어떤 낱말에 대한 설명인지 쓰세요.

1) 값나가는 물건 ➡ ☐ ☐

2) 재물이나 좋은 일이 생길 운수 ➡ ☐ ☐

3) 돈이나 재물이 나오는 곳 ➡ ☐ ☐

4) 재물로 무언가를 할 수 있는 힘 ➡ ☐ ☐

5) 재물을 쌓음 ➡ ☐ ☐

❸ 알맞은 낱말을 찾아 문장을 완성하세요.

1) 그는 회사 돈으로 부정 ☐ ☐ 을(를) 한 혐의로 구속됐다.

2) 형은 장학 ☐ ☐ 의 장학금으로 대학 공부를 마칠 수 있었어.

3) 나의 사랑하는 가족은 나의 가장 큰 ☐ ☐ (이)다.

4) 이날 행사에는 ☐ ☐ , 문화계, 언론계 인사들이 참석했어.

4 문장에 어울리는 낱말을 골라 ○표 하세요.

1) 자네는 왜 그렇게 (재물 / 재수)에 욕심을 내는가?

2) 우리 엄마는 (재력가 / 재테크)에 관련된 책을 열심히 읽고 계셔.

3) 오늘은 (재벌 / 손재수)이(가) 있는 날이니 특별히 조심하도록 해.

4) 고생 끝에 큰 부자가 된 그는 (사재 / 재화)을(를) 털어서 지역 도서관을 건립했어.

5 예문을 설명하는 알맞은 낱말을 고르세요. (   )

> • 약초를 캐러 산에 갔다가 산삼을 캔 상황
> • 1,000원 주고 산 복권이 1등에 딩첨된 상황

① 가재　　　　　　② 횡재

③ 사재　　　　　　④ 축재

6 빈칸에 들어갈 알맞은 낱말을 고르세요. (   )

불국사, 수원 화성처럼 형체가 있는 유형 문화유산, 강강술래처럼 형체가 없는 무형유산 등과 같이 조상들이 남긴 역사적, 문화적으로 가치가 높은 □□을 문화유산이라고 합니다.

① 재정　　② 재산　　③ 재벌　　④ 재력

횡재
가재
재력
재력가
축재
부정 축재
재계
재벌
재단
법인
재화
공공재
소비재
생산재

이순신 장군이 남기신 유언에 따라

遺
남길 유

싸움이 한창 급하다! 나의 죽음을 알리지 말라…

위의 그림처럼 죽음을 앞두고 남기는 말을 무엇이라고 할까요? ( )

① 명언   ② 금언   ③ 유언   ④ 실언

맞아요. 정답은 ③번, 유언(遺言)이에요.

그리고 유언을 적은 문서가 유언장이지요. 여기서 유(遺)는 '남기다'라는 뜻이에요.

죽으면 모든 것을 뒤에 남기고 가야 해요.

그래서 죽은 사람이 남긴 것들에는 '유' 자가 붙는 말이 많아요.

유의 뜻을 생각하면서 다음 빈칸을 채워 볼까요?

죽은 사람이 남긴 물품은 ☐품,

죽으면서 남기는 글은 ☐서,

죽은 사람이 남긴 재산은 ☐산,

죽은 사람의 남은 가족은 ☐족.

유서는 유언장과 비슷한 말이고,

유족은 유가족이라고도 해요.

遺   남길 유

유언(遺 言말씀 언)
죽음을 앞두고 남기는 말

🔔 **명언**
명언(名유명할 명 言)은 널리 알려진 말이라는 뜻이에요. 죽음과는 상관 없어요. 살아 있으면서 명언을 할 수도 있거든요.

유언장(遺言 狀문서 장)
유언을 적은 문서

유품(遺 品물건 품)
죽은 사람이 남긴 물품

유서(遺 書글 서)
죽으면서 남기는 글

유산(遺 産재산 산)
죽은 사람이 남긴 재산

유족(遺 族가족 족)
= **유가족**(遺 家집 가 族)
죽은 사람의 남은 가족

遺 **남을 유**

■ 유골(遺 骨뼈 골)

= 유해(遺 骸뼈 해)

살이 썩은 뒤에 남은 뼈 혹은 화
장하고 남은 뼈

🔔 화장

화장(火불 화 葬장사 지낼 장)은
불로 장례를 지낸다는 뜻이에
요. 무덤을 만들지 않고 시체를
불로 태우는 걸 말하지요.

🔔 납골당

납골당(納넣어둘 납 骨뼈 골 堂
집 당)은 유골을 모셔 두는 곳을
말해요.

■ 유작(遺 作작품 작)

죽은 뒤에 발표된 작품

■ 유고(遺 稿원고 고)

죽은 사람이 남긴 원고

■ 유업(遺 業일 업)

조상 때부터 내려온 사업

🔔 유감

유감(遺 憾섭섭할 감)은 섭섭한
마음이 남아 있다는 뜻이에요.
"나한테 유감 있어?"와 같이 쓰
지요.

가끔 뉴스에서 몇천 년 전 유골이 발굴되었다고 하지요?

사람이나 동물이 죽어 살이 썩은 뒤에 남은 뼈를 유골(遺骨)이라고
해요. 어려운 말로 유해(遺骸)라고도 하지요.

아무렇게나 묻혀 있던 유골이 발굴되면 새롭게 장례를 치러 주거나
무덤을 만들어 주기도 해요.

죽은 사람을 화장하고 남은 뼈 역시 유골이라고 해요. 화장한 유골
은 빻아서 가루로 만들어 납골당에 모시기도 하지요.

그러면 예술가가 살아 있을 때 공개하거나 발표하지 않았다가
죽은 뒤에 발표되는 작품을 무엇이라고 할까요? (   )

① 창작   ② 유작   ③ 조작   ④ 제작

맞아요. 정답은 ②번 유작(遺作)이에요.

화가 고흐가 죽고 난 뒤 유작 전시회가
열렸어요. 거기서 비로소 그의 수많
은 작품들이 인정을 받게 되었지요.
또한, 죽은 사람이 남긴 원고는 유
고(遺稿)라고 해요. 조상 때부터
이어 온 사업은 유업(遺業)이라고
하고요.

이렇게 유(遺)는 뒤에 남기는 것을
의미해요.

유(遺)가 들어가는 말들은 다 우울한 걸까요? 꼭 그렇지는 않아요.
과거의 인류가 남긴 자취를 유적이라고 해요. 유적은 특히 무덤이
나 건축물처럼 부피가 크고 옮길 수 없는 것을 말하거든요.
과거의 인류가 남긴 물건은 유물이라고 해요. 유물은 부피가 작고
옮길 수 있다는 것이 유적과 다른 점이에요.

그럼 박물관에 전시되어 있는 것은
유물일까요? 유적일까요? (　　　)

① 유물　　　　② 유적

경주 불국사는 '유적'이에요.

정답은 ①번, 유물이에요.
유적은 옮길 수 없으니 박물관에 전시하기 어려워요.

유배 와서 쓴
글을 상감마마가
봐 주시기나 할까…

그래. 내가
죽고 나서는
올릴 수 있겠지.

정약용은 조선 후기의 대표적인 실학자예요.
그가 지은 경세유표는 나라 살림의 개혁에 관한 글이에요.
책 제목에 들어 있는 '유'도 죽은 후에나 전해질 글을 남긴다는 뜻이
지요. 표(表)는 신하가 임금에게 올리려고 쓴 글을 말해요.

遺 **남길 유**

■ **유적**(遺 蹟자취 적)
과거 인류가 남긴 자취

■ **유물**(遺 物물건 물)
과거 인류가 남긴 물건

'금동미륵보살반가사유상'은 유물
이에요.(국립중앙박물관 소장 중
박 200803-33)

■ **경세유표**(經다스릴 경 世세상
세 遺 表글표)
정약용이 나라 살림(경세)의 개
혁 방법에 대하여 표(表)의 형
식으로 적은 글

🔔 실학

실학(實실제 실 學학문 학)은 실
용적인 학문을 뜻해요. 나라를
부강하게 만들고, 백성들의 실
생활에 도움을 준다는 뜻이죠.

🔔 **이런 뜻도 있어요**

유실물(遺失物)은 잃어버린 물건이에요. 유기견(遺棄犬)은 주인에게 버려진 개이고요.
이렇게 유(遺)는 '잃다', '버리다'라는 뜻도 있어요.
  ■ **유실물**(遺 失잃어버릴 실 物물건 물) 누군가가 잃어버린 물건
  ■ **유기견**(遺 棄버릴 기 犬개 견) 누군가가 잃거나 버린 개

아들아, 성적이 왜 이러냐?

유전자 때문이 아닐까요?

성적표

우리는 부모님과 닮은꼴이에요. 부모님의 신체적 특징을 물려받았기 때문이죠. 유전이란 한 생물체가 지니는 특징을 다음 세대에게 물려주는 것을 말해요. 유전자는 유전이 되는 씨앗을 말해요. 유전자에는 생물체의 생김새나 병, 행동 특성 등에 관한 정보가 들어 있어요.

그러나 유전자가 기본 특징을 결정짓더라도 환경이나 생활의 영향을 받아 생물체의 생김새나 행동 등이 달라질 수 있어요. 성적이 나쁜 건 유전자 탓이 아니라, 공부를 안 해서라고요!

유전자는 생물체별로 각각 달라요. 그래서 유전자 검사를 해 보면 한 핏줄인지 아닌지를 쉽게 알 수 있지요. 유전자 검사는 범죄자를 찾거나 잃어버린 가족을 찾는 등 다양한 일에 사용돼요.

유전자 지도는 생물체의 특성을 결정하는 유전자의 숫자와 위치를 알려 주는 지도예요.

제주 돌돔의 유전자 지도를 통해 다른 물고기를 값비싼 제주 돌돔으로 속여 파는 일을 예방한 사례도 있지요.

이러한 유전 현상을 연구하는 학문은 유전 공학, 유전 현상을 연구하는 학자는 유전 공학자 또는 유전학자라고 해요.

이제 함부로 날 흉내 내는 놈들은 없겠지?

遺	남길 유

■ **유전**(遺 傳전할 전)
남겨서 전함, 물려줌

■ **유전자**(遺傳 子씨앗 자)
유전이 되는 씨앗

■ **유전자**(遺傳子) **검사**
특정한 목적으로 유전자를 검사하는 것

■ **유전자**(遺傳子) **지도**
유전자의 숫자와 위치를 알려주는 지도

■ **유전 공학**
유전 현상을 연구하는 학문

■ **유전학자**
= 유전 공학자
유전 현상을 연구하는 학자

🔔 **유전병**
부모님으로부터 신체적 특징뿐 아니라 병을 물려받을 수도 있어요. 유전병은 유전으로 전해지는 병이에요. 색맹은 대표적인 유전병이지요.

🔔 **유전자 은행**
개인의 유전자를 저축해 두었다가 연구 시설 등 필요한 곳에 공급하는 곳이에요.

유언	유품	유서	유산	유족	유골
유해	유작	유업	유적	유물	유전

유언

명언

유언장

유품

유서

유산

유족

유가족

유골

유해

화장

납골당

유작

유고

유업

① 공통으로 들어갈 한자를 따라 쓰세요.

| 언 |
| 산 | 전 자 | 遺 | 경 세 표 |
| 골 |

남길 유

| 품 |
| 물 |
| 적 |

② 어떤 낱말에 대한 설명인지 쓰세요.

1) 죽음을 앞두고 남기는 말 ➡ ☐☐

2) 죽은 사람이 남긴 물품 ➡ ☐☐

3) 죽은 사람의 남은 가족 ➡ ☐☐

4) 죽은 뒤에 발표된 작품 ➡ ☐☐

5) 과거 인류가 남긴 자취 ➡ ☐☐

③ 알맞은 낱말을 찾아 문장을 완성하세요.

1) "나의 죽음을 알리지 말라."는 이순신 장군의 ☐☐ 이자 마지막 명령이야.

2) 할머니께서는 돌아가시기 전 나에게 ☐☐ (으)로 반지를 남겨 주셨어.

3) 다행히도 잃어버린 내 가방이 ☐☐☐ 센터에 있었어.

4) 우리 아빠의 잠 ☐☐☐ 을(를) 물려받았는지 나는 잠이 많아.

4 문장에 어울리는 낱말을 골라 ○표 하세요.

1) 내게 (유업 / 유감)이 있으면 한번 얘기해 봐.

2) 저 사람은 (유산 / 유골)을(를) 물려받아 백만장자가 된 거래.

3) 딸이 엄마를 닮는 것은 (유전 / 유적) 때문이지.

5 밑줄 친 낱말과 뜻이 같은 하나를 고르세요. (   )

> 6 · 25 전쟁 당시 치열한 전투를 벌이다 전사한 국군 병사의 <u>유해</u>가
> 55년 만에 유족들의 품으로 돌아왔어요.

① 유서   ② 유물   ③ 유골   ④ 유작

6 그림을 보고, 빈칸에 들어갈 알맞은 낱말을 [보기]에서 찾아 쓰세요.

| 보기 | 유전 | 유언 | 유족 | 유작 |

1) 할아버지께서 돌아가셔서 □□이 되었어.
(   )

2) 나의 죽음을 알리지 말라. 이게 내 □□이다.
(   )

3) 이 작품은 내가 죽은 뒤에 알려진 □□이야.
(   )

4) 아들아, 성적이 이게 뭐냐. / □□ 때문 아닐까요?
(   )

| 유감 |
| 유적 |
| 유물 |
| 경세유표 |
| 실학 |
| 유실물 |
| 유기견 |
| 유전 |
| 유전자 |
| 유전자 검사 |
| 유전자 지도 |
| 유전 공학 |
| 유전학자 |
| 유전 공학자 |
| 유전병 |
| 유전자 은행 |

씨글자 기본 어휘

統 이끌 통

국민을 이끄는 대통령

난 스케이트 선수가 될 거야.

난 육군 대장이 될 거야.

난 나라에서 제일 높은 □□□이 될 거야.

포테토

난 감자칩!

위 그림의 빈칸에 들어갈 말은 뭘까요? (   )

① 경찰관   ② 소방관   ③ 대통령   ④ 외교관

나라를 대표하는 제일 높은 사람은 대통령이에요.

옛날에 '통령'은 지방 사령관이었어요. 여기에 나라 전체를 다스리는 통령이라는 뜻으로 '큰 대(大)' 자를 붙여서 만든 말이 바로 대통령이에요. 이때 통(統)은 이끌다는 뜻이에요.

대통령은 사람들을 잘 이끌어야겠죠? 이설 통솔이라고 해요.

대장은 군대를 통솔하고, 반장은 반 아이들을 통솔하지요.

그럼 통솔하기 위해서 필요한 능력은 무엇일까요? (   )

① 성적   ② 통솔력

③ 에너지   ④ 상상력

국민은 내 일꾼!

난 국민의 일꾼!

그렇지요! 정답은 ②번, 통솔하는 능력인 통솔력이에요.

統 이끌 통

■ **대통령**(大큰 대 統 領거느릴 령)
나라를 이끄는 제일 높은 사람

■ **통솔**(統 率거느릴 솔)
사람들을 이끌고 거느림

■ **통솔력**(統率 力힘 력)
통솔하는 능력

🔔 **대통령과 왕**
대통령과 왕은 달라요. 왕의 자리는 아들에게 물려주지만, 대통령은 국민들이 직접 뽑지요.

98

원님은 옛날에 한 고을을 다스리던 사람을 말해요. 이렇게 한 지역을 도맡아 다스리는 것을 무엇이라고 할까요? (   )

① 견제   ② 통치   ③ 관심   ④ 마음

맞아요, 정답은 통치예요. 대통령은 나라를 통치하잖아요. 대통령이나 원님처럼 어떤 나라나 지역을 도맡아 다스리는 사람을 통치자라고 하지요.

다음 중 통치자가 <u>아닌</u> 사람은 누구일까요? (   )

① 대통령   ② 선생님   ③ 서울시장

정답은 ②번, 선생님이에요.
선생님은 다스리는 사람이 아니라, 가르치는 사람이지요.

어떤 행동이나 생각을 못하게 금지하는 것을 통제(統制)라고 해요.
통제하는 힘은 통제력이고요.
도로를 통제하면 도로 통제, 드나드는 것을 통제하면 출입 통제,
집에 오는 시간이나 컴퓨터 게임할 시간을 통제하면 시간 통제예요.
사람들이 함부로 드나들지 못하게 통제하는 곳은 통제 구역이지요.
이순신 장군은 삼도의 수군통제사였어요.
삼도는 충청도, 전라도, 경상도를 말하고, 수군은 지금의 해군을 말해요. 삼도 수군통제사는 이 세 도의 해군을 지휘하는 사람이라는 말이지요.

統 **다스릴 통**

- **통치**(統 治다스릴치)
어떤 지역을 도맡아 다스림
- **통치자**(統治 者사람자)
통치하는 사람
- **통제**(統 制억제할제)
못하게 억눌러 금지하여 다스리는 것
- **통제력**(統制 力힘력)
통제하는 힘
- **도로 통제**(統制)
- **출입 통제**(統制)
- **시간 통제**(統制)
- **통제 구역**
(統制 區지역구 域지역역)
사람들이 함부로 드나들지 못하게 통제하는 지역
- **통제사**(統制 使벼슬아치사)
지휘하는 사람

🔔 **통행금지**
옛날에는 통행금지라는 게 있었어요. 돌아다니는 것을 통행이라고 하는데, 밤 12시부터 새벽 4시까지 돌아다니는 것을 법으로 금지한 것이지요.

- **통일**(統 一한 일)
  하나로 합침
- **의견 통일**(統一)
  생각을 하나로 합침
- **복장 통일**(統一)
  옷을 똑같이 입음
- **정신 통일**(統一)
  정신을 하나로 집중함
- **통합**(統 合합칠 합)
  모두 모아 하나로 합침
- **통폐합**
  (統 廢없앨 폐 合합할 합)
  없앨 것은 없애고 합칠 것은 합
  치는 것
- **통계**(統 計계산할 계)
  흩어져 있는 자료와 수치들을
  한데 모아서 계산하는 것

호랑이님이 자장면을 시키니 다른 동물들도 어쩔 수 없이 통일했네요.

통일(統一)은 나누어진 것들을 하나로 합치는 거예요.

여기서 통(統)은 '한데 모으다', '합치다'는 뜻이에요.

서로 의견이 안 맞을 때 생각을 하나로 합치는 것은 의견 통일,

운동회 때 아이들이 모두 똑같이 체육복을

입는 것은 복장 통일이지요.

> 오른쪽 그림을 봐요. 빈칸에 들어
> 갈 알맞는 말은 무엇일까요? (   )
>
> ① 정말 통일   ② 정신 통일

> **통계**를 내려면
> 통계 조사를 해야 해요.
> 그건 개인이 하기 힘들기
> 때문에 나라에서
> 맡아서 하지요.

정답은 ②번 정신 통일이에요.

정신 통일은 흩어진 마음들을 합쳐 한 가지

일에만 집중하는 거예요. 그래도 저건 좀 위험해 보이죠?

통합(統合)은 모두 모아 하나로 합치는 거예요.

없앨 것은 없애고, 합칠 것은 합쳐야 할 때는 통폐합이라고 하죠.

여기저기 흩어져 있는 자료를 모아서 계산하는 것은 통계(統計)예

요. 한데 모아서 계산한다는 말이에요.

> 그 기관을
> **통계청**이라고
> 해요.

- **통계청**(統計 廳관청 청)
  통계를 맡아보는 관청

🔔 **통계학**
대학에서는 통계를 전문적으로
공부하기도 해요. 그런 학문을
통계학(統計 學배울 학)이라
고 하지요.

統 이어질 통

- **혈통**(血피혈 統)
피로 이어짐, 핏줄
- **계통**(系이을계 統)
한줄기로 이어져 관계를 맺음
- **전통**(傳전할전 統)
전하여 이어짐
- **정통**(正바를정 統)
바르게 전하여 이어진 것

위 그림의 빈칸에 들어갈 말은 무엇일까요? (   )

① 벨트   ② 왕관   ③ 혈통   ④ 재산

정답은 ③번, 혈통이에요. 혈통(血統)은 우리말로 핏줄이거든요.
자식은 부모에게서 나오잖아요. 그걸 한 핏줄이라고 해요.
챔피언의 혈통을 이어받아 멋진 개가 태어난 거지요.
핏줄이 아니라 다른 것으로 연결되어 있는 것도 있어요.
'주황색 계통'은 주황색에 속한다는 말이에요.
'미술 계통에서 일한다'라고 하면 미술과 관련된 일을 한다는 말이고
요. 계통은 이렇게 어떤 것과 한 줄기로 이어져 있다는 것을 뜻해요.
여기서 통(統)은 하나로 이어지거나 관련된 것을 말하지요.
옛날부터 전해져 내려온 것은 전통이에요.
옛날부터 전해져 내려오는 방식으로 하는 결혼은
전통 결혼이고요. 전통 가운데 뒤틀리거나 잘못되지
않고 바르게 전하여 이어진 것은 정통이에요.

統
이끌 통

대통령

통솔

통솔력

왕

통치

통치자

통제

통제력

도로 통제

출입 통제

시간 통제

통제 구역

통제사

통행금지

① 공통으로 들어갈 한자를 따라 쓰세요.

```
┌─────┐
│  솔  │
├─────┤                              ┌─────┐
│  치  │─── 제 구 역 ───┌──────┐─── 폐 합 ──│  혈  │
├─────┤              │  統  │           ├─────┤
│  제  │              └──────┘           │  계  │
└─────┘               이끌 통            ├─────┤
                                         │  전  │
                                         └─────┘
```

② 어떤 낱말에 대한 설명인지 쓰세요.

1) 나라를 이끄는 제일 높은 사람 ➡ ☐ ☐ ☐

2) 사람들을 이끌고 거느림 ➡ ☐ ☐

3) 어떤 지역을 도맡아 다스림 ➡ ☐ ☐

4) 하나로 합침 ➡ ☐ ☐

5) 피로 이어짐 ➡ ☐ ☐

③ 알맞은 낱말을 찾아 문장을 완성하세요.

1) 저 냉면집은 60년 ☐ ☐ 을(를) 자랑하고 있어.

2) 우리 반 반장은 아이들을 이끄는 ☐ ☐ ☐ 이(가) 참 뛰어나.

3) 시간이 없으니, 메뉴를 하나로 ☐ ☐ 하자.

4) 마라톤 경기 때문에 시내 도로가 ☐ ☐ 중이야.

4 문장에 어울리는 낱말을 골라 ○표 하세요.

1) 아버지와 할아버지는 같은 (정통 / 계통)에서 일하셔.

2) 내 동생은 나와 같은 (혈통 / 통제)(이)야.

3) 한복은 우리의 (전통 / 통일) 옷이야.

4) 잘 통솔하기 위해서 필요한 능력은 (통제력 / 통솔력)이야.

5 밑줄 친 낱말의 뜻이 다른 하나를 고르세요. (   )

① 통계   ② 통일   ③ 통폐합   ④ 통제력

6 그림을 보고, 빈칸에 들어갈 알맞은 낱말을 쓰세요.

1)

2)

| 통일 |
| 의견 통일 |
| 복장 통일 |
| 정신 통일 |
| 통합 |
| 통폐합 |
| 통계 |
| 통계청 |
| 통계학 |
| 혈통 |
| 계통 |
| 전통 |
| 정통 |

計	셀 계

■ **계량**(計 量헤아릴 량)
양이나 부피를 셈

■ **계량기**(計 量 器도구 기)
계량하는 도구

■ **계량**(計 量)**컵**

■ **계량**(計 量)**스푼**

■ **계측**(計 測잴 측)
시간이나 물건의 양을 잼

■ **계측기**(計 測 器)
계측하는 도구

위 그림의 빈칸에 들어갈 말은 무엇일까요? (   )

① 측량   ② 산수   ③ 계산   ④ 계량

정답은 ④번, 계량이에요. 계량(計量)은 말 그대로 '양이나 부피를
세다'라는 뜻이에요. 양을 재려면 도구가 필요하겠지요?
계량에 '도구 기(器)'를 붙인 계량기는 계량하는 도구를 뜻해요.
계량기에는 어떤 것들이 있는지 빈칸을 채우면서 읽어 볼까요?
계량할 때 쓰는 컵은 □□컵, 계량할 때 쓰는 스푼은 □□스푼
이에요. 계량컵, 계량스푼으로 재료의 양을 정확히 재야 요리 전문
가만큼 맛있는 케이크를 만들 수 있겠죠?

그럼 다음 중 계량과 비슷한 말은 뭘까요? (   )

① 계산   ② 계획   ③ 계측   ④ 설계

정답은 ③번, 계측이에요. 계측하는 도구는? 계측기고요.
여기서 계(計)는 '세다'라는 뜻이에요.

104

계측기로 잴 수 있는 것들은 아주 많아요. 계(計)를 붙여서 계측기
라는 것을 나타낼 수 있어요. 계측기는 간단한 도구부터 복잡한 장치
나 기계까지 모두 포함돼요. 어떤 것이 있는지 빈칸을 채워 봐요.

시간을 재는 도구는 시□,

비행기나 자동차에서 속도를 재어 나타내는 장치는 속도□,

바람의 방향을 재는 도구는 풍향□,

바람의 속도를 재는 도구는 풍속□이지요.

답은 순서대로 시계, 속도계, 풍향계, 풍속계예요.

어렵지 않았죠? 조금 더 해 볼까요?

온도를 재는 도구는 온도□,

온도 중에서도 체온을 재는 도구는 체온□,

습도를 재는 도구는 습도□,

지진이 일어났을 때 땅이 흔들리는 정도를 재서 기록하는 기계는
지진□예요.

답은 순서대로 온도계, 체온계, 습도계, 지진계예요.

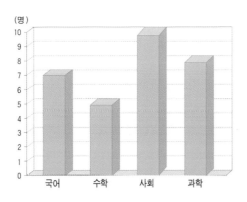

위의 표는 '우리 반 친구들이 좋아하는 과목'을 조사한 것을 표로 나
타낸 통계 도표예요.

이렇게 조사하려는 대상 전체를 합쳐서 세는 것을 통계(統計)라고
해요. 각 과목을 좋아하는 우리 반 친구들 수를 합쳐서 조사한 것이
겠지요? 통계 도표는 통계의 내용을 한눈에 알아볼 수 있도록 그림
으로 나타낸 표를 말해요.

計 재는 도구 계

■ 시계(時때 시 計)
시간을 재는 도구

■ 속도계
(速빠를 속 度정도 도 計)
속도를 재서 나타내는 장치

■ 풍향계
(風바람 풍 向방향 향 計)
바람의 방향을 재는 도구

■ 풍속계(風速計)
바람의 속도를 재는 도구

■ 온도계(溫따뜻할 온 度計)
온도를 재는 도구

■ 체온계(體몸 체 溫計)
체온을 재는 도구

■ 습도계(濕습기 습 度計)
습기의 정도를 재는 도구

■ 지진계
(地땅 지 震흔들릴 진 計)
지진의 정도를 재서 기록하는
기계

計 셀 계

■ 통계(統합칠통 計)
합쳐서 셈

■ 통계 도표(統計 圖그림 도
表표 표)
통계 내용을 그림으로 나타낸 표

오른쪽 빈칸에 들어갈 말은 무엇일까요?
( )

① 집계 ② 회계 ③ 계산 ④ 합계

정답은 ③번, 계산이지요.

계산은 수를 셈하는 것이에요. 그래서 계(計)에는 '계산하다'라는 뜻도 있어요. 계산에도 여러 가지 방법이 있지요. 그럼 여러 가지 계산 방법을 알아볼까요?

빈칸에 들어갈 말로, 이미 계산된 것을 모아서 계산한다는 뜻의 낱말은 무엇일까요? ( )

① 계단   ② 계좌   ③ 집계   ④ 설계

정답은 ③번이에요. '모을 집(集)'을 써서 집계(集計)라고 하지요. '메달 집계', '투표 결과 집계'처럼 써요.

단체에서 하는 계산은 회계예요. 장부에 적힌 단체의 재산 상태나 운영 성적을 모두 계산하는 것이지요. 회계 장부에는 단체에서 들어오고 나간 돈을 모두 적게 되어 있어요.

회계에 관한 일을 전문적으로 하는 사람은 회계사라고 해요.

집계든 회계든 합쳐서 계산해야 할 때가 있지요? 합쳐서 계산한 것은 합계, 선체를 모두 통틀어서 계산한 것은 총계이지요. 총계와 합계는 서로 비슷한 말이에요.

計 계산할 계

■ **계산**(計 算셈할산)
수를 셈하는 것

■ **집계**(集모을집 計)
이미 계산된 것을 모아서 계산함

■ **회계**(會모임회 計)
단체에 들어오고 나간 돈을 계산하는 것

■ **회계사**(會計 司벼슬사)
회계 일을 전문적으로 하는 사람

■ **합계**(合합할합 計)
= **총계**(總합할총 計)
합쳐서 계산함

🔔 **계좌**
통장을 만들면 계좌 번호가 생기죠? 계좌(計 座자리좌)는 돈의 거래 항목을 계산하기 위해 정한 자리예요. 계좌마다 번호가 매겨지고, 통장에는 돈을 입출금한 내용이 기록돼요.

넌 방학 **계획**이 뭐야?

무계획적으로 살자는 게 내 **계획**이야

계획의 '계'는 셈하고 계산하는 거예요. 셈을 하다 보면, 영리하여 꾀도 많아지겠지요? 계획(計劃)은 꾀를 내어 일의 그림을 그리는 것이에요.

어떤 일을 할지 미리 생각하고 작정을 하는 거지요. 그래서 계(計)에는 '꾀', '계획'이라는 뜻도 있어요.

계획의 반대말은 무계획(無計劃)이지요. 계획이 없다는 말이에요. 계속해서 빈칸을 채워 볼까요?

계획을 세우는 것은 설□예요. 앞에 있을 일을 미리 생각해 보는 거지요. 그런데 그보다 훨씬 더 멀리 내다보고 계획을 세우기도 하죠. 그런 걸 백년대□라고 해요. 교육은 앞으로 나라를 이끌 사람을 길러 내는 것이라서 흔히 백년대계라고 해요.

좋은 꾀는 사람들에게 도움이 되지만, 나쁜 꾀는 사람을 해칠 수 있으니 조심해야 되겠죠?

흉계(凶計)는 남을 해치는 흉악한 꾀를 뜻해요. 간계는 간사한 나쁜 꾀이고요. 그리고 계략은 꾀와 모략, 즉 어떤 일을 이루기 위한 꾀나 방법을 뜻해요. 하지만 계략을 꾸미다, 계략에 빠지다처럼 부정적으로 많이 쓰여요. 세책(計策)도 꾀와 방법을 뜻하지만 계략과 달리 좋은 뜻으로 쓰이기도 한답니다.

計 꾀, 계획 계

■ **계획**(計 劃그림 획)
꾀를 내어 일의 그림을 그림
■ **무계획**(無없을 무 計劃)
계획이 없음
■ **설계**(設세울 설 計)
계획을 세움
■ **백년대계**(百일백 백 年해 년 大큰 대 計)
먼 앞날까지 미리 내다보고 세우는 크고 중요한 계획
■ **흉계**(凶흉악할 흉 計)
남을 해치는 흉악한 꾀
■ **간계**(奸간사할 간 計)
간사한 나쁜 꾀
■ **계략**(計 略꾀 략)
= **계책**(計 策방법 책)
이런 일을 이루기 위한 꾀와 방법

🔔 **생계와 가계**
생계(生살 생 計)는 살아 나가기 위한 꾀, 살아갈 방도를 뜻해요. 가계(家집안 가 計)는 집안의 살림을 꾸려가는 방도이지요. 계(計)는 이렇게 일을 해결하는 꾀를 뜻하기도 해요.

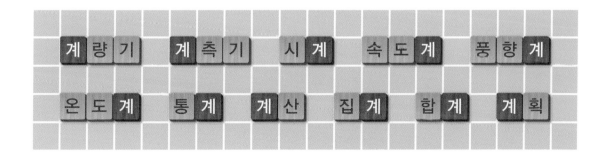

계량기 계측기 시계 속도계 풍향계
온도계 통계 계산 집계 합계 계획

計
셀 계

계량

계량기

계량컵

계량스푼

계측

계측기

시계

속도계

풍향계

풍속계

온도계

체온계

습도계

지진계

통계

통계 도표

❶ 공통으로 들어갈 한자를 따라 쓰세요.

량							통
측	무	획	計	백	년	대	집
획			셀 계				합

❷ 어떤 낱말에 대한 설명인지 쓰세요.

1) 전체를 모두 합쳐 계산함 ➡ ☐☐

2) 수를 셈하는 것 ➡ ☐☐

3) 단체의 재산 상태나 운영 성적을 계산하는 것 ➡ ☐☐

4) 이미 계산된 것을 모아서 계산함 ➡ ☐☐

5) 양이나 부피를 셈 ➡ ☐☐

❸ 알맞은 낱말을 찾아 문장을 완성하세요.

1) 요리할 때는 ☐☐ 컵을 써야 음식의 맛을 정확하게 낼 수 있어.

2) ☐☐ 의 알람 소리를 듣지 못해 지각을 했어.

3) ☐☐ 에 따르면, 올해 쌀 생산량이 작년에 비해 낮은 것으로 나타나.

4) ☐☐☐ 은(는) 지진이 일어났을 때 움직이지 않는 것을 기준으로
진동을 기록하는 원리를 이용해서 만들어.

108

4 문장에 어울리는 낱말을 골라 ○표 하세요.

1) 인구 변화를 한눈에 알려면 인구 (통계 도표 / 백년대계)를 보면 돼.

2) 김 기자, 현재까지 메달 (집계 / 합계) 현황을 알려 주시죠.

3) 지금까지 먹은 피자들을 (합계 / 계산)하면 모두 열세 판이나 돼.

4) 그는 뛰어난 (생계 / 간계)로 많은 사람들의 비난을 받고 있어.

5 설명을 읽고 알맞은 사자성어를 고르세요. (   )

> 먼 앞날까지 미리 내다보고 세우는 크고 중요한 계획

① 백년가약   ② 백년대계   ③ 백년해로   ④ 백년전쟁

6 그림을 보고, 빈칸에 들어갈 알맞은 낱말을 쓰세요.

1)

뭐 해? 얼른
□□하지
않고?

2)

우린 반대 13,
찬성 13, 기권 7.

전부 □□해서
알려 달라니까!

우린 찬성 7,
반대 23,
기권 6.

우리
반은…

| 계산 |
| 집계 |
| 회계 |
| 회계사 |
| 합계 |
| 총계 |
| 계좌 |
| 계획 |
| 무계획 |
| 설계 |
| 백년대계 |
| 흉계 |
| 간계 |
| 계략 |
| 계책 |
| 생계 |
| 가계 |

익은 김치나 식초는 시큼한 맛이 나요. 산이라는 성분이 있기 때문이에요. 산은 물에 녹아 산성을 띠는 물질인데, 산의 성질을 산성이라고 해요.

손을 씻을 때 쓰는 비누는 미끈거리지요? 이것은 염기라는 성분 때문이에요. 염기는 물에 녹아 염기성을 띠는데, 염기성은 염기의 성질을 말해요.

산과 염기를 나타내는 낱말

"오늘은 산성비가 내리니까 우산을 꼭 쓰세요."라는 말을 들어 본 적 있지요? 산성비는 산성을 띠는 비예요. 오염된 대기 속에 섞인 산성을 띠는 질산과 황산이 비와 함께 내리니까 맞지 않도록 조심하세요.

공기를 이루는 물질 중 하나로 우리가 숨을 쉬는 데 꼭 필요한 산소는 산성 물질일까요? 아니에요. 옛날 사람들이 공기 중에 둔 술이 시어지는 것을 보고 술을 시게 만드는 물질이라서 붙인 이름이래요.

산소가 다른 물질과 반응하는 것은 산화인데, 철과 같이 금속으로 만든 물건이 산화되면 '녹슬다'라고 말해요. 자전거를 오랫동안 타지 않고 밖에 두면 산화되어 녹슬고 말 거예요.

酸 **실 산**

물에 녹아 산성을 띠는 물질

- **산성(酸 性**성질 성**)**
  산이 나타내는 성질
- **산성(酸 性)비**
  산성을 띠는 비
- **산소(酸 素**바탕 소**)**
  생물이 숨을 쉬는 데 꼭 필요한 공기를 이루는 물질 중 하나
- **산화(酸 化**변할 화**)**
  산소가 다른 물질과 반응하는 일

산이 염기를 만나면 '염'이라는 물질이 만들어져요. 대표적인 염에는 소금의 주성분인 염화 나트륨이 있어요. 그래서 염기는 소금을 만드는 기초라는 뜻을 가지고 있어요.

바닷물에 들어 있는 소금기는 ☐분, 바닷물을 끌어들여 소금을 만드는 곳은 ☐전, 염전에서 바람과 햇빛과 같은 자연으로 만든 소금은 천일☐, 기계를 이용해 만든 소금은 정제☐이라고 하지요.

산과 염기, 이도 저도 아니라면?

산성도 아니고 염기성도 아닌 중간의 성질은 중성이라고 해요. 여자인데도 남자 같은 사람을 중성적이라고 말하잖아요. 그 의미와 비슷해요. 산과 염기가 만나면 중성인 물을 만드는데, 이것을 중화 작용이라고 하지요.

물질의 성질을 구분하려면 간단한 도구만 있으면 돼요. 바로 산성 또는 염기성 용액과 닿으면 색이 변하는 물질인 지시약이지요.

대표적인 지시약은 리트머스 종이예요. 푸른 리트머스 종이를 붉게 변화시키는 건 산성, 붉은 리트머스 종이를 푸르게 변화시키는 건 염기성이에요. 둘 다 아무 변화가 없다면 중성이고요.

산의 세기는 산도이고, pH로 표시해요. 중성인 pH 7을 기준으로 그 이하는 산성, 그 이상은 염기성 물질로 구별해요.

산의 세기는 산도이고, pH로

鹽	基
소금 염	기본 기

물에 녹아 염기성을 띠는 물질

- **염기성**(鹽基性)
  염기가 나타내는 성질
- **염분**(鹽 分성분분)
- **염전**(鹽 田밭전)
- **천일염**(天하늘천 日날일 鹽)
- **정제염**(精정할정 製만들제 鹽)
- **중성**(中가운데중 性)
  산성도 염기성도 아닌 중간의 성질
- **중화 작용**(中 和화할화 作지을작 用쓸용)
  산과 염기가 만나 중성인 물을 만드는 작용
- **지시약**(指가리킬지 示알릴시 藥약약)
  산성 또는 염기성 용액과 닿으면 색이 변해 물질의 상태를 알려 주는 약품
- **리트머스 종이**
  대표적인 지시약
- **산도**(酸 度정도도)
  산의 세기
- **pH**
  산도를 나타내는 수치

산	성	비		산	소		염	기		천	일	염		중	화	작	용
	성				화			분				전					
														지	시	약	

움직이는 모든 것은 운동을 해!

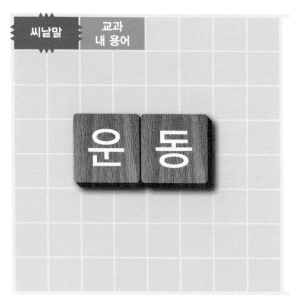

역시! 운동은 재미있어.

우와앗! 나도 운동 중이라고

자전거 타기, 줄넘기, 축구 등 건강을 위해 몸을 움직이는 것을 흔히 운동이라고 해요. 더 넓은 의미로는 물체가 움직여 위치를 바꾸는 일을 뜻해요. 그렇다면 축구 경기에서 운동을 하는 건 선수뿐일까요? 아니에요. 쉴 새 없이 날아다니는 공도 운동을 해요. 운동과 비슷한 말로 활동이 있어요. 몸을 움직이거나 어떤 목적을 위해 힘을 쓰는 일을 말하지요.

이것도 저것도 모두 운동

재미있는 놀이 기구에는 다양한 운동이 숨어 있어요.
미끄럼틀은 곧은 선을 쭉 따라가는 직선 ☐☐, 회전목마는 큰 원을 그리며 도는 원☐☐, 바이킹은 고정된 꼭대기에 매달려서 왔다 갔다 하는 진자 ☐☐, 번지 점프나 스카이다이빙은 높은 곳에 올라갔다가 땅으로 떨어지는
자유 낙하 ☐☐을 해요.
바스켓을 향해 던진 농구공은
반원을 그리는 포물선 ☐☐을
하지요.

運 옮길 운	動 움직일 동

건강을 위해 몸을 움직이는 일 또는 물체가 움직여 위치를 바꾸는 일

- **활동(活**활발할 활 **動)**
몸을 움직이거나 어떤 목적을 위해 힘쓰는 일
- **직선(直**곧을 직 **線**줄 선**) 운동**
- **원(圓**둥글 원**)운동**
- **진자(振**떨 진 **子**것 자**) 운동**
- **자유 낙하(自**자기 자 **由**마음먹을 유 **落**떨어질 낙 **下**아래 하**) 운동**
- **포물선(抛**던질 포 **物**물건 물 **線) 운동**

이얏호! 직선운동!

꺄~ 진자 운동!

으악 살려 줘. 자유 낙하 운동!

이번에는 우리 몸속을 들여다볼까요?

숨을 들이마시고 내쉬는 호흡, 우리가 먹은 음식을 몸에 흡수할 수 있도록 잘게 분해하는 소화, 몸에서 생긴 노폐물을 땀과 오줌을 통해 몸 밖으로 내보내는 배설. 이 모두가 몸 안에 있는 기관이나 장기들이 열심히 운동을 하는 덕분에 일어나는 작용이에요.

우리 주변의 자연도 운동을 해요.

높은 산이나 산맥은 지구의 조산 운동으로 만들어졌어요. 조산 운동은 지구 내부에서 받는 힘으로 일어나기 때문에 화산 폭발이나 지진이 함께 일어날 가능성이 커요.

화산은 땅속에 있는 마그마가 분출하여 만들어진 산이고, 지진은 땅이 갈라지며 흔들리는 현상이에요. 지구의 운동은 그 규모가 어마어마하네요!

우리 주변에서 볼 수 있는 운동

유산소 운동은 걷기, 달리기처럼 계속 숨을 쉬면서 오래 할 수 있는 운동을 말해요. 그럼 무산소 운동은 뭘까요? 짧은 시간에 힘을 내기 위한 운동으로 팔 굽혀 펴기, 씨름, 역도 등이 있어요.

뉴스에서 종종 환경 단체나 시민 단체가 플래카드를 들고 구호를 외치거나 관련 봉사 활동을 하는 장면이 나오지요.

이처럼 어떤 목적을 이루기 위해 힘쓰는 활동 또한 운동이라고 해요. 환경을 보호하기 위한 활동을 환경 운동, 시민들이 사회나 국가의 발전을 위해 모임을 가지는 활동을 시민운동이라고 하지요.

호흡(呼내쉴 호 吸들이마실 흡)
숨을 들이마시고 내쉬는 작용

소화(消사라질 소 化될 화)
음식을 몸에 흡수할 수 있도록 잘게 분해하는 작용

배설(排밀칠 배 泄샐 설)
몸에서 생긴 노폐물을 땀과 오줌으로 몸 밖에 내보내는 작용

조산(造지을 조 山산 산) 운동
산과 산맥을 만드는 지구의 운동

화산(火불 화 山)
땅속에 있는 마그마가 분출하여 만들어진 산

지진(地땅 지 震흔들릴 진)
땅이 갈라지며 흔들리는 현상

유산소(有있을 유 酸실 산 素바탕 소) 운동
계속 숨을 쉬면서 오래 할 수 있는 운동

무산소(無없을 무 酸素) 운동
숨이 차서 오래 할 수 없는 운동

환경(環두를 환 境장소 경) 운동
환경을 보호하기 위한 활동

시민(市도시 시 民사람 민)운동
사회나 국가의 발전을 위한 시민들의 활동

직선운동　원운동　진자운동　포물선운동

호흡　소화　화산　환경운동　유산소운동

산 과 염 기

1 [보기]의 설명과 관련이 있는 낱말을 쓰세요.

[보기]
• 익은 김치나 식초처럼 시큼한 맛을 나게 하는 성분 → ☐

• 소금을 만드는 기초 → ☐☐

2 주어진 낱말을 넣어 문장을 완성하세요.

1)
산	성
성	
비	

공기가 오염된 지역에서는 강한 ☐☐을(를) 띤 ☐☐☐가 내리니 조심해야 해.

2)
| 산 | 소 |
| 화 | |

금속으로 만든 물질은 오래 쓰면 ☐☐와 반응해서 ☐☐되는데, 이를 흔히 녹이 슨다고 말해.

3 문장에 어울리는 낱말을 골라 ○표 하세요.

1) 바닷바람은 (염분 / 산소)을(를) 머금어 짠 냄새가 나요.
2) 소금은 바닷물을 끌어들인 (염전 / 염기)에서 만들어요.
3) 레몬은 (염분 / 산도)이(가) 강해서 엄청나게 신맛이 나!

4 예문에 알맞은 낱말을 빈칸에 쓰세요. [과학]

대표적인 지시약에는 ☐☐☐☐ ☐☐이(가) 있어요. ☐☐ 물질은 붉게, ☐☐☐ 물질은 푸르게 변화시키죠. 아무 변화가 없으면 ☐☐ 물질이에요.

| 산 |
| 산성 |
| 산성비 |
| 산소 |
| 산화 |
| 염기 |
| 염기성 |
| 염분 |
| 염전 |
| 천일염 |
| 정제염 |
| 중성 |
| 중화 작용 |
| 지시약 |
| 리트머스 종이 |
| 산도 |
| pH |

운 동

1 공통으로 들어갈 낱말을 쓰세요.

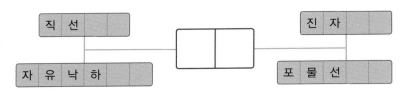

2 주어진 낱말을 넣어 문장을 완성하세요.

1)
	원
	운
진 자 운 동	동

회전목마는 빙글빙글 도는 ☐☐☐을 하고, 좌우로 흔들리는 시계추는 ☐☐☐☐을 한다.

2)
	시
	민
	운
환 경 운 동	동

폐수를 흘려보낸 공장을 비판하기 위해 몇몇의 사람이 시작한 ☐☐☐☐은, 곧 온 시민이 참여하는 ☐☐☐☐으로 발전했다.

3)
	무
유 산 소	
	소

계속 숨을 쉬면서 오래 할 수 있는 운동을 ☐☐☐ 운동, 숨이 차서 오래 할 수 없는 운동을 ☐☐☐ 운동이라고 한다.

3 문장에 어울리는 낱말을 골라 ○표 하세요.

1) 낙하산을 펴고 높은 하늘에서 떨어지는 스카이다이빙은 (자유 낙하 / 포물선) 운동이야.

2) 그 가수는 우리나라뿐만 아니라 중국, 일본 등에서도 활발하게 (운동 / 활동)하고 있어.

3) 산과 산맥을 만드는 지구의 운동을 (화산 / 조산) 운동이라고 해.

4) 100m 달리기를 하고 나면 (호흡 / 소화)이(가) 가빠져.

5) 강한 (지진 / 화산)이 일어나면 땅이 심하게 흔들리고 갈라져요.

운동
활동
직선 운동
원운동
진자 운동
자유 낙하 운동
포물선 운동
호흡
소화
배설
조산 운동
화산
지진
유산소 운동
무산소 운동
환경 운동
시민운동

씨낱말 교과 내용어

지구를 이루는 오대양 육대주

지구는 가장 큰 바다 5개와 가장 큰 땅 6개로 이루어져 있어요. 바로 오대양, 육대주이지요. 지구를 덮고 있는 태평양, 대서양, 인도양, 북극해, 남극해의 다섯 바다를 오대양, 아시아, 유럽, 북아메리카, 남아메리카, 아프리카, 오세아니아의 여섯 땅덩어리를 육대주라고 해요. 큰 그림이 그려졌다면, 이제 더 자세하게 살펴볼까요?

六 여섯 육	大 큰 대	洲 땅 주

아시아, 아프리카, 유럽, 오세아니아, 남아메리카, 북아메리카의 여섯 개 큰 대륙

- **아시아**
- **동북**(東동쪽동 北북쪽북)**아시아**
- **동남**(東 南남쪽남)**아시아**
- **남**(南)**아시아**
- **서남**(西서쪽서 南)**아시아**
- = **중동**(中가운데중 東)
- **유럽**
- **북**(北)**아메리카**
- = **북미**(北 美아름다울미)
- **남**(南)**아메리카**
- = **남미**(南美)
- **아프리카**
- **오세아니아**

여섯 개의 큰 땅, 육대주

아시아는 세계 최대의 대륙인만큼 언어, 종교, 인종, 문화 등이 매우 다양해요. 우리나라와 중국, 일본 등이 속한 동북아시아는 한자와 유교, 불교의 영향을 받은 곳이 많아요. 필리핀, 인도네시아 등이 속한 동남아시아와 인도, 파키스탄 등이 속한 남아시아는 일 년 내내 높은 기온과 강수량 덕분에 벼농사에 유리하고, 지하자원과 삼림 자원이 풍부하지요.

서남아시아는 중동이라고도 불리며 석유 자원이 풍부해요. 이란, 사우디아라비아 등이 여기에 속해요.

유럽은 고대 그리스·로마 문화가 꽃피었고, 일찍이 산업이 발달했어요. '유럽 연합(EU)'을 만들어 경제 성장에 힘쓰고 있지요.

북아메리카는 미국과 캐나다 등을 포함한 땅으로 북미라고도 불러요. 브라질, 아르헨티나 등이 있는 남아메리카는 남미라고도 하지요. 아직 개발되지 않은 지역이 많고, 세계에서 가장 큰 아마존강이 흘러

요. 원래 아메리카 대륙에는 인디언이라는 원주민이 살고 있었지만, 유럽인들이 들어와 살면서 생활 터전을 잃어버리게 되었어요.

아프리카는 아시아 다음으로 큰 대륙으로, 무덥고 건조한 곳이 많아요. 대부분의 나라가 유럽 국가의 식민지였던 아픈 역사가 있지만, 부족 단위의 전통과 고유 문화를 잘 간직하고 있지요.

오세아니아는 오스트레일리아, 뉴질랜드 등 많은 섬으로 이루어졌어요.

五	大	洋
다섯 오	큰 대	큰바다 양

지구를 덮고 있는 태평양, 대서양, 인도양, 북극해, 남극해의 다섯 개 큰 바다

- **태평양**
  (太클태 平평화로울평 洋)
- **대서양**
  (大큰대 西洋)
- **인도양**
  (印도장인 度법도도 洋)
- **극지방**
  (極끝극 地땅지 方지방방)
- **북극해**(北極海)
- **남극해**(南極海)

다섯 개의 큰 바다, 오대양

지구에서 땅을 제외한 나머지는 바다예요.

평온하고 고요하다는 뜻의 태평양은 지구의 3분의 1을 차지하는 가장 큰 바다이지요. 대서양은 유럽 대륙의 서쪽, 즉 아메리카와 유럽 사이에 있는 바다로 두 번째로 크지요. 인도양은 인도 주변의 바다로, 아름다운 섬이 많기로 유명해요.

남극과 북극에 위치한 곳은 극지방이라고 하는데, 얼음이 떠다니는 북극 주변의 바다는 북극해, 얼음으로 덮인 남극을 둘러싼 바다는 남극해라고 하지요.

오	대	양	육	대	주	동	북	아	시	아	북	아	메	리	카

유	럽	중	동	아	프	리	카	태	평	양	북	극	해

우리나라 최고의
법, 헌법

대한민국의 주권은 국민에게 있다고 헌법에 나와 있습니다.

와! 멋있다. 우리나라 최고의 법답네.

"대한민국의 주권은 국민에게 있고, 모든 권력은 국민으로부터 나온다." 이 말은 대한민국 헌법 제1조 2항에 있는 내용이에요. 헌법은 국민의 뜻을 담은 우리나라 최고의 법이고, 가장 강한 힘이 있어요. 그래서 우리나라의 법들은 헌법에 어긋나서는 안 돼요. 반드시 따라야 하죠. 우리나라 법에는 헌법 아래로 법률, 명령, 조례, 규칙 등이 있어요. 한번 자세히 알아볼까요?

법에도 강한 순서가 있어!

거대한 헌법을 일상생활에 적용하기 위해서는 구체적인 법, 즉 법률이 필요해요. 법률은 국회가 정해진 절차에 따라 만들고 강제성을 띠지요. 법률에는 재산이나 가족 등 사람 간에 지켜야 하는 민법, 기업 간에 지켜야 하는 상법, 범죄와 그에 따른 형벌을 결정하는 형법 등이 있어요.

그런데 이토록 많은 법을 모두 국회에서 만들 수는 없겠지요? 필요에 따라 대통령, 국무총리, 장관 등이 국회를 거치지 않고 만들 수 있는 법이 있는데, 이 법을 명령이라고 해요. 명령은 반드시 법률의 범위 안에서 정해야 해요.

憲 헌법 헌   法 법 법

가장 강한 힘을 가진 우리나라 최고의 법

- **법률**(法律법칙률)
국민이 반드시 지켜야 할 국가의 규범
- **민법**(民백성민 法)
재산이나 가족 등 사람 간에 지켜야 하는 법률
- **상법**(商장사상 法)
기업 간에 지켜야 하는 법률
- **형법**(刑형벌형 法)
범죄와 그에 따른 형벌을 결정하는 법률
- **명령**(命명령할명 令내릴령)
필요에 따라 대통령, 국무총리, 각부 장관 등이 국회를 거치지 않고 만들 수 있는 법

조례는 자치 단체가 지방 의회의 의결을 거쳐 지방의 일에 관해 만드는 법이에요. 지역마다 벌금이나 교통 요금의 차이가 나는 것도 조례가 다르기 때문이지요. 규칙은 자치 단체의 장이 만드는 법으로 법률과 명령, 조례의 범위 내에서만 정할 수 있어요.

법이 모두 만들어졌다면 전문적으로 다루는 기관이 있어야겠지요? 법원은 법에 따라 재판하는 국가 기관이에요. 법제처는 국회에서 통과된 법을 검토하고 심사하는 행정 기관, 법무부는 검찰, 교도소, 출입국 관리 등 법을 집행하는 일을 맡아보는 행정 기관이에요.

법이라고 무조건 완벽할까?

헌법과 어긋난 법률 때문에 기본권에 피해를 봤다고 생각하는 국민이 있다면 누구나 헌법 재판소에 심판을 요구할 수 있어요. 이를 헌법 소원이라고 해요. 인터넷 실명제는 결국 헌법 소원을 통해 헌법에 어긋난다는 판결을 받았지요.

국민이 아닌 재판을 진행하는 판사가 관련 법률이 헌법에 어긋나는지 판단해 달라고 헌법 재판소에 요청하는 것은 위헌 법률 심판이지요. 돈이나 관련 지식이 없는 사람이 억울하게 피해를 봤을 때는 법률 구조 제도를 통해 법률적인 도움을 받을 수 있답니다.

■ **조례**(條조항조 例예례)
지방 차치 단체가 지방의 일에 관해 만드는 법
■ **규칙**(規법규 則법칙칙)
자치 단체의 장이 만드는 법
■ **법원**(法 院집원)
법에 따라 재판하는 국가 기관
■ **법제처**(法 制만들제 處곳처)
국회에서 통과된 법을 검토하고 심사하는 행정 기관
■ **법무부**(法 務일무 部부서부)
법을 집행하는 일을 맡아보는 행정 기관
■ **헌법 소원**(訴호소할소 願원할원)
헌법과 어긋난 법률 때문에 기본권에 피해를 입었다고 생각하는 국민이 헌법 재판소에 심판을 요구할 수 있는 제도
■ **위헌 법률 심판**(違어긋날 위 憲法律 審살필심 判판단할판)
판사가 관련 법률이 헌법에 어긋나는지 판단해 달라고 헌법 재판소에 요청하는 것
■ **법률 구조 세도**(法律 救구할구 助도울조 制 度법도도)
돈이나 관련 지식이 없는 사람이 억울하게 피해를 봤을 때 법률적인 도움을 주는 복지 제도

1 [보기]의 설명과 관련이 있는 낱말을 쓰세요.

> **보기** • 태평양, 대서양, 인도양, 북극해, 남
> 극해의 큰 다섯 바다
>
> • 아시아, 유럽, 북아메리카, 남아메리
> 카, 아프리카, 오세아니아의 큰 여섯
> 땅덩어리

→ ☐ ☐ ☐

→ ☐ ☐ ☐

2 주어진 낱말을 넣어 문장을 완성하세요.

1)

	태
	평
대 서	양

세계에서 제일 넓은 바다는 ☐ ☐ ☐ ,
두 번째로 넓은 바다는 ☐ ☐ ☐ 이다.

2)

	남
북	미

남아메리카를 줄여서 ☐ ☐ ,
북아메리카를 줄여서 ☐ ☐ 라고도 부른다.

3 문장에 어울리는 낱말을 골라 ○표 하세요.

1) (인도양 / 대서양)은 '인도 이 바나'라는 뜻으로 아름다운 섬들이 많아.

2) 폭염이 계속되니 추운 (아프리카 / 극지방)에라도 가고 싶어!

3) 한국은 아시아 중에서도 (서남아시아 / 동북아시아)에 위치해.

4) 아마존강을 탐험하러 꼭 (유럽 / 남아메리카)에 가 볼 테야!

4 다음 중 대륙에 해당하는 나라가 <u>잘못</u> 짝 지어진 것을 고르세요. (   )

① 동북아시아 – 중국   ② 동남아시아 – 브라질

③ 서남아시아 – 이란   ④ 북아메리카 – 미국

⑤ 오세아니아 – 뉴질랜드

육대주
아시아
동북아시아
동남아시아
남아시아
서남아시아
중동
유럽
북아메리카
북미
남아메리카
남미
아프리카
오세아니아
오대양
태평양
대서양
인도양
극지방
북극해
남극해

1 [보기]의 낱말들과 관련이 있으며, 우리나라 최고의 법을 뜻하는 낱말을 쓰세요.

보기   법 률   명 령
       조 례   규 칙

2 주어진 낱말을 넣어 문장을 완성하세요.

1)
형
민 법

범죄와 그에 따른 형벌을 결정하는 법률은 ☐☐,
재산이나 가족 등 사람 간에 지켜야 하는 법률은
☐☐이다.

2)
법 제 저
무
부

국회에서 통과될 법을 검토하고 심사하는 곳은
☐☐☐, 검찰이나 교도소, 출입국 관리 등의
법을 집행하는 곳은 ☐☐☐이다.

3 문장에 어울리는 낱말을 골라 ○표 하세요.

1) (헌법 / 법률)은 국민의 뜻을 담은 우리나라 최고의 법이에요.
2) 그 회사는 (민법 / 상법)을 위반해서 엄청난 벌금을 냈대.
3) (법원 / 형법)의 판결에 따라 그는 무죄로 선고받았어.

4 예문에 알맞은 낱말을 빈칸에 쓰세요. [사회]

재판을 진행하는 판사가 관련 법률이 헌법에 어긋나는지 판단해 달라고
헌법 재판소에 요청하는 것을 ☐☐ ☐☐ ☐☐(이)라
고 한다.
돈이나 관련 지식이 없는 사람이 억울하게 피해를 봤을 때 법률적인
도움을 주는 복지 제도는 ☐☐ ☐☐ ☐☐이다.

| 헌법 |
| 법률 |
| 민법 |
| 상법 |
| 형법 |
| 명령 |
| 조례 |
| 규칙 |
| 법원 |
| 법제처 |
| 법무부 |
| 헌법 소원 |
| 위헌 법률 심판 |
| 법률 구조 제도 |

물음을 통해 배우는 학문

> 이게 뭐예요? 저건 뭐예요? 왜 이래요?
>
> 제… 제발 하나씩… 학문에 대한 열의가 대단하구나.

무언가 새로운 것을 배울 때마다 선생님 또는 어른들에게 묻는 것은 좋은 자세예요. 이렇게 질문을 많이 하면 많이 배울 수 있겠죠? 이 것을 '배울 학(學)' 자와 '물을 문(問)' 자를 써서 학문이라고 해요. 즉 물음을 통해 배우고 익히는 과정 또는 그렇게 얻은 지식을 말하 지요. 옛날 사람들은 어떻게 학문을 갈고닦았는지 알아볼까요?

학문을 배우는 곳

학생이라면 모두 학교에 다녀요. 학교는 여러 학생들이 선생님에게 지식과 교양을 배우는 교육 기관이에요. 옛날 사람들도 학교에 다 니며 학문과 무예를 닦았어요. 어떤 학교가 있었는지 알아볼까요? 고구려는 우리나라 최초의 학교이자 귀족을 대상으로 한 국립 교육 기관인 태학과 일반 평민들에게 글과 무술을 가르치는 민간 교육 기 관인 경당을 지방에 세웠어요.

신라 시대에는 귀족을 대상으로 한 최고 교육 기관인 국학이 있었지 요. 고려 시대에는 나라에 필요한 관료와 인재를 기르기 위해 국자 감과 지방에 향교를 세웠어요.

조선 시대에 들어서 국자감은 성균관으로 그 이름을 바꾸어 유지되

學 배울, 학문 학	問 물을 문

물음을 통해 배우고 익히는 과정, 또는 그렇게 얻은 지식

■ **학교**(學 校학교 교)
학생들이 선생님에게 지식과 교양을 배우는 교육 기관

■ **태학**(太클 태 學)
고구려가 세운 우리나라 최초의 학교, 귀족을 대상으로 한 국립 교육 기관

■ **경당**(扃살필 경 堂집 당)
평민을 대상으로 지방에 세운 고구려의 민간 교육 기관

■ **국학**(國나라 국 學)
신라 시대에 귀족을 대상으로 한 최고 교육 기관

■ **국자감**(國 子아들 자 監관청 감)
고려 시대 때 관료와 인재를 기 르기 위해 세운 국립 교육 기관

었어요. 성균관과 향교는 조선 말 과거 제도가 폐지될 때까지 국립 교육 기관의 역할을 담당했지요. 조선 중기 이후, 지방에 사립 교육 기관인 서원이 생기기 시작했어요.

원산 학사는 1883년 함경남도 원산에 세워진 우리나라 최초의 근대식 학교예요. 일제 강점기인 1908년에는 안창호 선생이 일본에 맞설 인재를 키우기 위해 평양에 대성 학교를 세웠지만, 일제의 탄압으로 얼마 안 가서 문을 닫고 말았지요.

역사에 따라 바뀌는 학문

고려를 무너뜨리고 건국한 조선은 새로운 통치 사상이 필요했어요. 사람의 본성과 하늘의 이치를 연구하는 성리학을 선택했지요. 하지만 조선 후기에 들어서는 실제 생활에 도움이 되는 실용적인 학문인

실학이 등장했어요. 실학자들은 청나라의 문물과 생활 양식을 받아들이자는 북학론을 주장했고, 청나라를 통해 들어온 천주교, 천문학 등의 서양 학문인 서학에도 큰 관심을 보였어요.

조선 말기, 최제우는 우리 고유의 종교인 동학을 만들었어요. '사람은 곧 하늘'이라는 사상을 중심으로 신분 제도를 반대했기 때문에 농민들에게 큰 지지를 받았지요.

■ **향교**(鄕시골 향 校)
고려와 조선 시대 때 세운 지방의 교육 기관

■ **성균관**(成이룰 성 均고를 균 館집 관)
조선 시대 최고의 교육 기관

■ **서원**(書글 서 院집 원)
조선 중기 이후 지방에 세운 사립 교육 기관

■ **원산 학사**(元으뜸 원 山산 산 學 舍집 사)
우리나라 최초의 근대식 학교

■ **대성 학교**(大큰 대 成學校)
안창호 선생이 일제 강점기 때 인재를 키우기 위해 세운 학교

■ **성리학**(性본성 성 理이치 리 學)
= 주자학
사람의 본성과 하늘의 이치를 연구하는 학문

■ **실학**(實실제 실 學)
실제 생활에 도움이 되는 학문

■ **북학론**(北북쪽 북 學 論논할 론)
청나라의 문물과 생활 양식을 받아들이자는 주장

■ **서학**(西서쪽 서 學)
천주교, 천문학 등의 서양 학문

■ **동학**(東동쪽 동 學)
최제우가 만든 우리 고유의 종교

경(經)은 베틀(巠)에 걸려 있는 실(糸)의 모양을 본떠 만든 한자인데, 베를 짤 때 세로의 날실을 보고 세로로 쓴 글을 떠올리게 되었대요. 그래서 글을 뜻하지요. 전(典)은 책상 위에 책이 놓여 있는 모양을 본떠서 만든 글자예요. '경전 경(經)'과 '책 전(典)'이 만난 경전은 성인이나 종교의 가르침을 적은 책을 뜻해요.

종교와 나라의 가르침을 담은 경전

우리나라는 예로부터 불교의 영향을 많이 받았어요.

세계에서 가장 오래된 목판 인쇄물인 무구 정광 대다라니경은 불국사의 석가탑에서 발견되었어요.

세계에서 가장 오래된 금속 활자 인쇄본인 직지심체요절은 부처의 깨달음을 나타내는 말이에요.

팔만대장경은 부처의 힘으로 외적을 물리치기 위해 팔만여 개의 나무판에 불교 교리를 새겨 만든 불교 경전이고요.

동학의 창시자 최제우는 동학의 경전인 동경대전을 만들고, 서민과 여자를 위해 한글본인 용담유사도 펴냈어요.

우리 조상들의 지혜와 생각을 엿볼 수 있는 책도 많이 남아 있어요.

經	典
경전 경	책 전

성인이나 종교의 가르침을 적은 책

- **무구 정광 대다라니경**
(無없을 무 垢때 구 淨깨끗할 정 光빛 광 大큰 대 陀비탈질 타 羅벌일 라 尼여승 니 經)
- **직지심체요절**(直곧을 직 指가리킬 지 心마음 심 體몸 체 要중요할 요 節마디 절)
- **팔만대장경**(八여덟 팔 萬일만 만 大모두 대 藏곳간장 經)
- **동경대전**(東동쪽 동 經大典)
- **용담유사**(龍용 용 潭못 담 遺남길 유 詞말 사)

백성을 가르치는 바른 소리라는 뜻의 훈민정음은 한글에 대한 해설을 써 놓은 책이에요. 조선 상황에 맞는 농사 방법을 기록한 농사직설도 세종 대왕의 명으로 펴낸 책이에요. '농사에 관한 바른 소리를 모아 놓은 책'이라는 뜻이에요.

조선 시대에 펴낸 책들을 더 알아볼까요? 조선의 번영과 발전을 노래한 용비어천가, 부처의 공덕을 찬양한 월인천강지곡, 국가의 제도와 정책의 개혁 방법을 쓴 경세유표, 사회 전반의 개혁 방법을 쓴 반계수록, '나라를 경영하는 큰 법전'이라는 뜻을 가진 조선 최고의 법전인 경국대전, 백성을 다스리는 목민관의 몸가짐과 마음가짐에 관해 쓴 목민심서 등이 있어요.

역사와 경험이 고스란히 담긴 경전

지금까지 남아 있는 여러 기록을 통해 역사를 알 수 있을 뿐만 아니라 소중한 가르침을 받을 수 있어요.

고려 시대 김부식이 고구려, 백제, 신라 삼국의 역사를 기록한 삼국사기, 승려 일연이 삼국 시대에 있었던 사실을 기록한 삼국유사, 조선 시대 왕들이 한 말과 행동을 기록한 조선왕조실록, 신라의 승려 혜초가 고대 인도의 5천축국을 다녀와서 쓴 우리나라 최초의 여행기 왕오천축국전, 허준이 쓴 의학서 동의보감 등은 역사적인 소중한 기록이지요.

- **훈민정음**(訓가르칠 훈 民백성 민 正바를 정 音소리 음)
- **농사직설**(農농사 농 事일 사 直바를 직 說말씀 설)
- **용비어천가**(龍 飛날 비 御거느릴 어 天하늘 천 歌노래 가)
- **월인천강지곡**(月달 월 印도장 인 千천천 江강 강 之~의 지 曲굽을 곡)
- **경세유표**(經다스릴 경 世세상 세 遺表글표)
- **반계수록**(磻강 이름 반 溪시내 계 隨따를 수 錄기록할 록)
- **경국대전**(經경영할 경 國나라 국 大중대할 대 典법전 전)
- **목민심서**(牧기를 목 民心 書책 서)
- **삼국사기**(三석 삼 國 史역사 사 記기록할 기)
- **삼국유사**(三國遺事)
- **조선왕조실록**(朝아침 조 鮮빛날 선 王임금 왕 朝 實사실 실 錄)
- **왕오천축국전**(往갈 왕 五다섯 오 天 竺나라 이름 축 國 傳전할 전)
- **동의보감**(東 醫의원 의 寶보배 보 鑑거울 감)

| 직 | 지 | 심 | 체 | 요 | 절 | 팔 | 만 | 대 | 장 | 경 | 조 | 선 | 왕 | 조 | 실 | 록 |

| 훈 | 민 | 정 | 음 | 농 | 사 | 직 | 설 | 반 | 계 | 수 | 록 | 삼 | 국 | 유 | 사 |

학 문

① [보기]의 낱말과 관련이 있으며, 물음을 통해 배우고 익히는 과정을 뜻하는 낱말을 쓰세요.

보기
학 교	태 학
국 학	실 학

☐ ☐

② 주어진 낱말을 넣어 문장을 완성하세요.

1) 태 / 학 교
우리나라 최초의 ☐☐은(는) 고구려 때 세운 ☐☐이다.

2) 국 자 감 / 학
신라는 ☐☐에서 귀족을 대상으로 교육을 했고, 고려는 ☐☐☐에서 관료와 인재를 길렀다.

③ 문장에 어울리는 낱말을 골라 ○표 하세요.

1) 조선 중기 이후에는 (서원 / 향교)(이)라는 사립 교육 기관이 생겼어요.
2) (향교 / 국학)은(는) 고려 때부터 조선까지 지방 교육을 담당했어요.
3) 조선 최고의 교육 기관인 (성균관 / 국자감)은 많은 인재를 배출했어요.
4) 고구려 때, 일반 평민들이 글과 무술을 배울 수 있었던 곳은 (경당 / 서원)이에요.

④ 예문에 알맞은 낱말을 빈칸에 쓰세요. [한국사]

조선 후기에 들어서면서 일부 학자들은 ☐☐☐이 백성들의 삶에서 멀어진 것을 비판하였다. 이들은 백성들이 잘 살 수 있고 나라의 힘을 기르기 위해 실제적으로 필요한 것을 생각하고 연구하기 시작했다. 이들이 연구한 학문을 ☐☐이라고 한다.

학문
학교
태학
경당
국학
국자감
향교
성균관
서원
원산학사
대성학교
성리학
주자학
실학
북학론
서학
동학

경 전

① [보기]의 낱말과 관련이 있으며, 성인이나 종교의 가르침을 적은 책을 뜻하는 낱말을 쓰세요.

[보기]
| 무 | 구 | 정 | 광 | 대 | 다 | 라 | 니 | 경 |

| 팔 | 만 | 대 | 장 | 경 |

② 어떤 책에 관한 설명인지 [보기]에서 찾아 쓰세요.

[보기]
| 농 | 사 | 직 | 설 | | 삼 | 국 | 사 | 기 |

| 목 | 민 | 심 | 서 | | 경 | 세 | 유 | 표 |

1) 백성을 다스리는 목민관의 몸가짐과 마음가짐에 관해 썼어요.

→ ☐☐☐☐

2) 김부식이 고구려, 백제, 신라 삼국의 역사를 기록한 책

→ ☐☐☐☐

3) 조선의 상황에 맞는 농사 방법을 기록한 책

→ ☐☐☐☐

③ 문장에 어울리는 낱말을 골라 ○표 하세요.

1) 지금 우리나라에 헌법이 있듯이, 조선 시대에는 조선 최고의 법전인 (반계수록 / 경국대전)이 있었어요.

2) (팔만대장경 / 동경대전)은 나무판에 불교 교리를 새겨 만든 불교 경전이에요.

경전

무구 정광
대다라니경

직지심체요절

팔만대장경

동경대전

용담유사

훈민정음

농사직설

용비어천가

월인천강지곡

경세유표

반계수록

경국대전

목민심서

삼국사기

삼국유사

조선왕조실록

왕오천축국전

동의보감

모든 물건에는 넓이가 있다

우아, 할아버지 이마 넓이가 엄청나요!

넓적덩~

훤히 드러난 이마를 보고 넓다고 하지요. 끝없이 펼쳐진 바나나 들을 봐도 "우아 넓다!"라는 감탄이 절로 나와요. 이처럼 면이나 바닥 등의 면적이 클 때는 넓다고 말하고, 작을 때는 좁다고 해요. 이렇게 넓고 좁은 정도를 넓이라고 하지요.

평면 도형과 입체 도형의 넓이를 구해라!

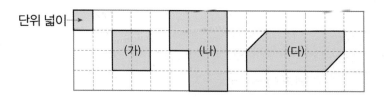

단위 넓이

(가) (나) (다)

모눈종이에 각각 다른 도형이 그려져 있어요. 어느 것이 더 넓은지 한눈에 알 수 없을 때는 어느 도형에 모눈 수가 더 많이 들어가는지 세어 보면 돼요. 모눈처럼 기준이 되는 넓이를 단위 넓이라고 해요. 도형 (가), (나), (다)는 단위 넓이가 각각 4개, 10개, 9개씩 들어가므로 가장 넓은 도형은 (나)겠죠?

넓이의 단위에는 제곱센티미터(cm^2), 제곱미터(m^2), 제곱킬로미터(km^2) 등이 있어요. 제곱은 두 번 곱했다는 뜻이에요. 이처럼 수나

넓이

어떤 장소나 물건, 도형의 넓고 좁은 정도

넓다
면이나 바닥의 면적이 크다

단위(單기본 단 位자리 위) 넓이
어떤 물건의 넓이를 구하는 데 기준이 되는 넓이

제곱센티미터(cm^2)
넓이를 나타내는 단위

제곱미터(m^2)
넓이를 나타내는 단위

제곱킬로미터(km^2)
넓이를 나타내는 단위로 1,000,000제곱미터는 1제곱킬로미터에 해당함

제곱
수나 단위를 두 번 곱한 것

거듭제곱
수나 단위를 여러 번 곱한 것

단위를 여러 번 곱한 것을 거듭제곱이라고 해요. 예를 들어 가로가 7cm, 세로가 3cm인 사각형의 넓이는 $21cm^2$가 되지요. 길이를 두 번 곱했으니, cm 위에 2(제곱)를 붙여 cm^2가 된 거예요. 좀 더 큰 넓이의 단위를 알아볼까요?

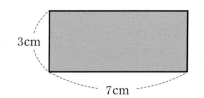

산이나 밭처럼 아주 넓은 넓이는 아르(a)와 헥타르(ha)를 사용하는데, a는 $100m^2$, ha는 $10,000m^2$를 가리켜요. 1a는 가로가 10m, 세로가 10m인 곳, 1ha는 가로가 100m, 세로가 100m인 곳의 넓이예요. 평면 도형에도 넓이가 있으니 입체 도형에도 넓이가 있겠죠? 입체 도형의 넓이는 겉넓이라고 해요. 겉넓이를 구하려면 밑면의 넓이인 밑넓이 2개와 밑면과 만나는 옆면의 넓이인 옆넓이를 합해서 구하죠.

입체 도형의 부피를 구해라!

부피는 과자 상자와 같은 입체 도형이 차지하는 공간의 크기를 말해요. 부피가 크다, 작다로 표현하지요. 다음 입체 도형의 부피를 구해 볼까요?

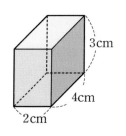

부피는 입체 도형의 밑넓이와 높이를 곱해서 구해요. 밑넓이는 $2cm × 4cm = 8cm^2$가 되지요. 이 밑넓이 $8cm^2$에 높이 3cm를 곱하면 $24cm^3$가 돼요. 그런데 단위가 바뀌었네요. 세 번 곱했으니까 cm 옆에 숫자 3(세제곱)을 붙여 세제곱센티미터(cm^3)가 된 거예요. 마찬가지로 길이가 m라면 부피는 세제곱미터(m^3)가 되겠지요?

(오른쪽 용어 설명)

아르(a)
산이나 밭의 넓이를 나타내는 단위, 100제곱미터에 해당함

헥타르(ha)
산이나 밭의 넓이의 단위

겉넓이
입체 도형의 겉면의 넓이의 합

밑넓이
입체 도형의 밑면 넓이

옆넓이
입체 도형의 옆면의 넓이의 합

부피
입체 도형이 차지하는 공간의 크기

세제곱센티미터(cm^3)
부피를 나타내는 단위

세제곱미터(m^3)
부피를 나타내는 단위

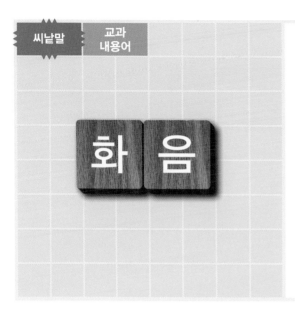

서로 어울리는 소리, 화음

합창을 들으면 여러 사람이 여러 높낮이의 음을 내어 조화를 이루어 멋진 소리를 내요. 여러 음이 쉬여 겹쳤는데도 잘 어우러져서 아름다운 음을 만들어 내는 것을 '조화로울 화(和)', '소리 음(音)'을 써서 화음이라고 해요. 하지만 이 음이 서로 어울리지 않는다면 불협화음을 내겠죠? 조화로운 음을 내기 위해 필요한 것들을 알아볼까요?

和	音
조화로울 화	소리 음

여러 음이 서로 조화를 이룸

- **불협화음**(不아닐 불 協화합할 협 和音)
  여러 음이 서로 어울리지 않음
- **음색**(音 色빛 색)
  음이 가지는 색깔
- **음역**(音 域지경 역)
  가장 낮은 음에서 가장 높은 음까지 낼 수 있는 영역
- **음폭**(音 幅너비 폭)
  음이 진동하는 넓이
- **음질**(音 質바탕 질)
- **음정**(音 程정도 정)
- **음표**(音 標기호 표)
- **음계**(音 階층층 계)

아름다운 소리 음(音)

음이 가지는 색깔은 음색이에요. 음역은 목소리나 악기가 가장 낮은 음에서 가장 높은 음까지 낼 수 있는 영역, 음폭은 음이 진동하는 넓이예요. 음폭이 좁을수록

작고 가는 소리, 넓을수록 크고 굵은 소리가 나지요.

□질은 소리가 맑은지 탁한지의 상태, □정은 두 음이 가지는 높이의 차이, □표는 악보에서 음의 길이와 높이를 나타낸 기호, □계는 '도-레-미-파-솔-라-시'처럼 음을 간격에 맞게 순서에 따라 늘어놓은 체계를 말해요.

음계를 이해하기 위해서는 온음과 반음을 알아야 해요. 피아노 건반의 한 음에서 위 또는 아래의 같은 음까지의 간격을 옥타브라고 해요. 한 건반과 바로 옆에 있는 건반의 간격이 반음이고, 반음이 두 개 모이면 온음이 되지요.

음계에는 모두 반음으로 이루어진 반음계와 모두 온음으로 이루어진 온음계가 있어요.

온음계는 온음과 반음의 배치에 따라 밝은 분위기의 장음계와 슬프고 어두운 분위기의 단음계로 나뉘지요.

이 모든 것은 음악의 분위기와 성격을 나타내는 중요한 요소랍니다.

역동적인 우리의 전통 음악

우리나라 전통 음악도 음을 자유자재로 표현해요.

"아리라~앙~ 아리라~앙~ 아라~리요∿ 오↗ 오↘ 오↗."

아리랑을 부를 때 음을 흔들어 내면 훨씬 멋들어지게 들려요. 이처럼 소리를 떨거나 꺾는 등 주된 음의 앞과 뒤를 장식하는 음을 시김새라고 해요. 우리나라 민요의 가장 큰 특징이지요.

"덩 기덕 쿵 더러러러." 이건 장구 소리예요. 전통 악기의 소리를 입으로 흉내 낼 수 있다고 해서 구음이라고 해요.

팔음은 여덟 가지 다른 재료인 쇠, 돌, 명주실, 대나무, 바가지, 흙, 가죽, 나무가 만든 여덟 종류의 국악기에서 나는 음이에요.

국악에서는 음을 '율'이라고 해요. 12개의 음을 사용해서 십이율이라고 하지요.

씨낱말
블록 맞추기

넓 이

① [보기]의 낱말과 관련이 있으며, 넓고 좁은 정도를 뜻하는 낱말을 쓰세요.

보기 제 곱 센 티 미 터
      제 곱 미 터   아 르

② 주어진 낱말을 넣어 문장을 완성하세요.

1) 단 위 넓 이
        이

모눈종이에 그린 사각형들은 크기를 비교하기가 쉽다. 왜냐하면 모눈이 ☐☐ 의 기준이 되는 ☐☐ ☐☐ 가 되기 때문이다.

2)   세
   거 듭 제 곱

☐☐ 은 수나 단위를 두 번 곱한 것이고, ☐☐☐☐ 은 여러 번 곱한 것을 말한다.

3)   밑
   옆 넓 이
        이

입체 도형의 겉넓이는 밑면의 넓이인 ☐☐☐ 2개와 밑면이 만나는 옆면의 넓이인 ☐☐☐ 를 합해서 구한다.

③ 예문에 알맞은 단위를 빈칸에 쓰세요. [수학]

사각형의 넓이는 가로 길이와 세로 길이를 곱해서 구해요.
가로가 7cm, 세로가 3cm라면 넓이는 21 ☐ 가 되지요.
부피는 입체 도형의 밑넓이와 높이를 곱해서 구해요.
가로 2cm, 세로 4cm, 높이 3cm인 도형의 부피를 구해 보세요.
밑넓이는 2cm×4cm=8 ☐ 이고,
이 밑넓이 8 ☐ 에 높이 3cm를 곱해서 부피는 24 ☐ 가 돼요.

넓이

넓다

단위 넓이

제곱센티미터

제곱미터

제곱킬로미터

제곱

거듭제곱

아르

헥타르

겉넓이

밑넓이

옆넓이

부피

세제곱센티미터

세제곱미터

① [보기]의 낱말과 관련이 있으며, 여러 음이 서로 조화를 이룬다는 뜻의 낱말을 쓰세요.

보기

| 음 정 | 음 색 |
| 음 계 | 음 역 |

→ ☐☐

② 주어진 낱말을 넣어 문장을 완성하세요.

1) 음 색
폭

사람마다 목소리가 가진 색깔인 ☐☐ 과 굵고 가는 목소리를 결정하는 ☐☐ 은 다르다.

2) 음 계
표

악기를 배우려면 음의 체계인 ☐☐ 와 악보에서 음의 길이와 높이를 나타낸 ☐☐ 를 알아야 한다.

3) 반
음
온 음 계

모두 온음으로 이루어진 음계는 ☐☐☐ ,
모두 반음으로 이루어진 음계는 ☐☐☐ 이다.

4) 딘
장 음 계
계

☐☐☐ 는 화사하고 밝은 분위기가,
☐☐☐ 는 슬프고 어두운 분위기가 나는 음계다.

③ 문장에 어울리는 낱말을 골라 ○표 하세요.

1) 장구의 (구음 / 팔음)을 배워 볼까요? '덩 기덕 쿵 덕'
2) 우리나라 민요는 (시김새 / 화음)을(를) 잘 살려야 제맛이 나요.
3) 연주 녹화 파일의 (음정 / 음질)이 나빠서 잘 들리지 않았어요.
4) 서양 음악에 '도레미파솔라시'가 있듯이 우리나라 전통 음악에는
'황대태협고중유임이남무응'이라는 (십이율 / 팔음)이 있어요.

| 화음 |
| 불협화음 |
| 음색 |
| 음역 |
| 음폭 |
| 음질 |
| 음정 |
| 음표 |
| 음계 |
| 옥타브 |
| 반음 |
| 온음 |
| 반음계 |
| 온음계 |
| 장음계 |
| 단음계 |
| 시김새 |
| 구음 |
| 팔음 |
| 십이율 |

1)							7)		
2)	3)				6)				9)
			5)						
	4)								
								19)	
10)									
11)		12)		15)		16)	18)		
	13)								
						17)			
14)									

정답 | 143쪽

🔑 가로 열쇠

2) 산이 나타내는 성질, 신맛이 나는 성질

4) 학생들이 선생님에게 지식과 교양을 배우는 교육 기관.
"○○ 종이 땡땡땡~"

5) 여러 음이 서로 조화를 이룸

6) 부처의 힘으로 외적을 물리치기 위해 팔만여 개의 나무판에 새긴 불경

11) 물체가 원을 따라 도는 운동

13) 생각을 하나로 합침

14) 섭섭한 마음이 남아 있음. "너 나한테 ○○ 있어?"

16) 조선 중기 학자 유형원이 통치 제도의 개혁 방법을 쓴 책

17) 물에 녹아 염기성을 띠는 물질

🔑 세로 열쇠

1) 땅속에 있는 마그마가 땅 위로 분출하는 현상

3) 사람의 본성과 하늘의 이치를 연구하는 학문

6) 여덟 가지의 다른 재료로 만든 여덟 종류의 국악기에서 나는 음

7) 지구의 다섯 개 큰 바다. 태평양, 대서양, 인도양, 북극해, 남극해

9) 성인이나 종교의 가르침을 적은 책

10) 법에 따라 재판하는 일을 하는 국가 기관

12) 허준이 백성들을 위해 쓴 우리나라 최초의 의학서

15) 나라를 이끄는 제일 높은 사람.

18) 양을 세는 도구

19) 분자가 분모보다 큰 분수. $\frac{5}{2}$

1 다음 중 두 낱말의 관계가 <u>다른</u> 하나는? (　　)

① 간접 : 직접　　　　② 긍정 : 부정　　　　③ 능동 : 수동

④ 징조 : 징후　　　　⑤ 환송 : 환영

2 밑줄 친 부분을 가장 적절한 한자어로 대체한 것은? (　　)

① <u>곧게 나가면</u> 길이 보일 겁니다. → 後進(후진)

② 언니가 <u>몸을 풀어</u> 아이를 낳았다. → 解氷(해빙)

③ <u>한 덩어리로 이어져 뭉쳐야</u> 산다. → 歸結(귀결)

④ 장미를 보니 <u>마음에 무언가 느껴진다</u>. → 表情(표정)

⑤ <u>서로 마주 보도록 색을 둥글게 배열한 도표</u>를 주목해. → 色相環(색상환)

3 밑줄 친 낱말의 뜻이 바르지 <u>않은</u> 것은? (　　)

① <u>냉정</u>하게 생각해라. → 차가운 마음

② 자, 이젠 <u>화해</u>할 때도 되지 않았는가. → 다툼을 풀어 화합함

③ 경찰이 범인을 <u>결박</u>해 이동시키고 있다. → 움직이지 못하게 묶음

④ <u>밀물</u>이 몰려오고 있나. → 달의 힘이 바닷물을 당겨 해수면이 하강하는 현상

⑤ 우리나라는 <u>환태평양</u> 지역에 있다.

　　→ 태평양을 고리 모양으로 둘러싸고 있는 지역

4 괄호 안의 한자가 바르지 <u>않은</u> 것은? (　　)

① 해(海)몽　　　　② 순환(環)선　　　　③ 기승전결(結)

④ 다정(情)다감　　⑤ 지지부진(進)

⑤ 밑줄 친 낱말에 대한 설명이나 맥락으로 적절치 <u>않은</u> 것은? (   )

① 일의 ·결과가 잘 맺어져 <u>결실</u>이 풍부하다.

② 하나였던 물체를 부분으로 나눠 <u>해체</u>했다.

③ 파도를 막기 위한 <u>방파제</u> 건설이 한창이다.

④ 환경에 해를 끼치지 않는 <u>친환경</u> 생활 습관을 길러야 한다.

⑤ 과거를 보기 위한 소과를 1차 통과했으니 이제부터는 <u>진사</u>다.

⑥ 〈보기〉의 빈칸에 알맞은 말을 바르게 쓴 것은? (   )

〈보기〉

평화나 아름다움처럼 눈에 보이지 않는 개념을 구체적인 사물로 나타내는 것을 (가)(   )이라고 합니다.

코끼리를 정확하게 표현하기 위해 코끼리를 살펴본다면, 이 코끼리가 바로 (나)(   )이 되는 겁니다. (나)(   )이란 어떤 일의 상대나 표현할 목적이 되는 것을 말합니다.

(가)(   )과 (나)(   )에 공통으로 들어간 '상(象)' 자는 모양이라는 뜻으로 눈으로 보이거나, 보이지 않아도 느낄 수 있는 형태를 나타냅니다.

① (가) 상징   (나) 추상   ② (가) 형상   (나) 대상

③ (가) 상징   (나) 대상   ④ (가) 형상   (나) 추상

⑤ (가) 상싱   (나) 기상

⑦ 문맥에 맞는 낱말을 <u>잘못</u> 선택한 것은? (   )

① 어서 오세요, (환송 / 환영)합니다.

② 마음속에 (기상 / 심상)이 떠오르면 얘기해 주겠니.

③ 내게는 사람은 모두 평등하다는 (신념 / 잡념)이 있어.

④ 자꾸만 나쁜 일이 되풀이되는 (선순환 / 악순환)에 빠졌어.

⑤ 손으로 만질 수 있는 물건을 만들 때 필요한 것이 (자료 / 재료)야.

8 〈보기〉의 밑줄 친 (가) ~ (라)에 들어갈 낱말로 모두 옳은 것은? (   ) 국어능력인증시험형

> ┌〈보기〉────────────────────────
> 굳게 믿는 생각을 (가)(   )이라고 합니다. 쓸데없이 이리저리 떠오르는 생
> 각은 (나)(   )이라고 합니다. 반대로 한 가지 일에 매달려 마음을 쏟는 것
> 은 (다)(   )입니다. 생각을 끊어 버리는 일은 (라)(   )이라고 하고, 마
> 음에 품었던 생각을 포기한다는 말입니다.

① (가) 잡념   (나) 신념   (다) 단념   (라) 집념

② (가) 신념   (나) 잡념   (다) 단념   (라) 집념

③ (가) 집념   (나) 신념   (다) 신념   (라) 단념

④ (가) 신념   (나) 잡념   (다) 집념   (라) 단념

⑤ (기) 잡념   (나) 신념   (다) 집념   (라) 단념

9 한자와 그 뜻이 바르지 않게 짝 지어진 것은? (   ) 한자능력시험형

① 念 – 생각   ② 能 – 받다   ③ 資 – 바탕

④ 悲 – 슬프다   ⑤ 歡 – 기쁘다

10 다음 〈보기〉 문장 중 한자로 고친 것이 틀린 것은? (   ) 한자능력시험형

> ┌〈보기〉────────────────────────
> (가)참사는 참혹하고 끔찍한 일이라는 뜻이에요. 이런 곳의 모습을 나타낼 때
> 아주 슬프고 끔찍하다는 뜻으로 (나)비참하다 또는 (다)참혹하다고 해요. 운동
> 경기나 싸움에서 아주 크게 졌을 때는 (라)참패를 당했다고 해요. 또는 더없이
> 참혹하다는 뜻으로 (마)무참하게 졌다고도 하시요.

① (가) 慘事   ② (나) 非慘   ③ (다) 慘酷

④ (리) 慘敗   ⑤ (마) 無慘

11 밑줄 친 부분을 적절한 낱말로 대체하지 <u>않은</u> 것은? (　　)

① 그는 <u>가짜 머리털</u>을 쓰고 나왔다. → 가발

② 오늘 <u>재물이나 좋은 일이 생길 운수</u>인 듯하다. → 재수

③ 영수는 <u>사람들을 이끌고 거느리는 능력</u>이 뛰어나다. → 통솔력

④ 이것과 저것을 <u>견주어 비슷한 점과 다른 점을 밝혀</u> 보아라. → 비교

⑤ 돌아가시며 <u>남긴 글</u>을 통해, 할아버지는 사이좋게 지내라 하셨다. → 유산

12 밑줄 친 낱말의 뜻이 바르지 <u>않은</u> 것은? (　　)

① 연예인은 <u>가명</u>을 쓰곤 한다. → 가짜 이름

② 남의 <u>재산권</u>을 보호하는 것도 능력이다. → 재산에 대한 권리

③ 고흐의 <u>유작</u> 전시회가 열리고 있다. → 죽은 뒤에 발표된 작품

④ <u>통제</u>하는 게 능사는 아니다. → 못 하게 억눌러 금지하여 다스리는 것

⑤ 이 팀과 저 팀은 실력이 <u>비등비등</u> 맞먹어. → 심하게 비교하여 차이가 남

13 〈보기〉의 빈칸에 알맞은 낱말을 바르게 짝 지은 것은? (　　)

┌─〈보기〉─────────────────────────────

(가)(　　)은 국민의 뜻을 담은 우리나라 최고의 법이에요. 반드시 따라야 하죠. 거대한 (가)(　　)을 구체적으로 일상생활에 적용하기 위해서는 구체적인 법, 즉 (나)(　　)이(가) 필요해요. 국회가 정해진 절차에 따라 만들고 강제성을 띱니다.

└──────────────────────────────────

① (가) 헌법　　(나) 명령　　　② (가) 법률　　(나) 헌법

③ (가) 헌법　　(나) 법률　　　④ (가) 법률　　(나) 명령

⑤ (가) 헌법　　(나) 조례

⑭ 밑줄 친 낱말에 대한 설명이나 맥락이 적절하지 않은 것은? (   )

① 이건 나만 쓸 수 있는 공공재라고.

② 유전자 안에 유전이 되는 정보가 담겨 있다.

③ 생물학자가 세운 그 가설은 증명에 실패했다.

④ 핏줄을 중시하는 혈통주의는 시대착오적이다.

⑤ 남을 해치려는 흉계엔 대가가 따르게 마련이다.

⑮ 문맥에 맞는 낱말을 잘못 선택한 것은? (   )

① 음이 진동하는 넓이를 (음계 / 음폭)이라 한답니다.

② 숨을 들이쉬고 내쉬는 (소화 / 호흡)을 지켜보세요.

③ 금속으로 된 물건이 (산화 / 인화)되며 녹슬었다고 해요.

④ (넓이 / 부피)란 입체 도형이 차지하는 공간의 크기를 말해요.

⑤ 조선 시대에는 나라에 필요한 인재를 기르기 위해 (국자감 / 성균관)을 운영했습니다.

⑯ 〈보기〉의 밑줄 친 (가) ~ (다)에 들어갈 단어로 옳은 것은? (   )

〈보기〉
아리랑처럼 소리를 떨거나 꺾는 등 주된 음의 앞과 뒤를 장식하는 음을 (가)(   )(이)라고 해요. 우리나라 민요의 가장 큰 특징이지요. "덩 기덕 쿵 더 러러러", 이건 장구 소리예요. 전통 악기의 소리를 입으로 흉내 낼 수 있다고 해서 (나)(   )이라고 해요. 국악에서는 음을 (다)(   )이라고 해요.

① (가) 새김질   (나) 구음   (다) 궁
② (가) 시김새   (나) 구음   (다) 율
③ (가) 새김질   (나) 구음   (다) 율
④ (가) 시김새   (나) 팔음   (다) 궁
⑤ (가) 시김새   (나) 팔음   (다) 율

톡톡 문해력 기사문 다음 기사문을 읽고, 문제를 풀어 보세요.

최근 달리기를 취미로 즐기는 사람들이 크게 늘고 있다. 최근 조사에 따르면 500만~600만 명이 넘는 사람들이 달리기를 즐기는 것으로 나타났다. 서울에 사는 한 직장인은 "체중 관리를 하면서 직장에서 쌓인 스트레스를 해소하는 데는 달리기만큼 좋은 운동이 없다."라고 했다. 달리기를 취미로 즐기는 사람이 크게 늘어난 까닭은 운동화만 있다면 언제 어디서든 쉽게 할 수 있는 운동이라는 점 때문이다. 게다가 따로 운동법을 배우지 않아도 된다.

하지만 달리기를 할 때 주의할 점이 있다. 첫째, 자신의 몸 상태에 알맞은 속도와 거리를 조절해야 한다. 몸 상태에 맞지 않으면 부상을 입을 수 있다. 둘째, 자신에게 맞는 운동화를 선택해야 한다. 운동화를 잘못 선택하면 발과 무릎 관절이 나빠질 수 있다. 셋째, 달리기 전에 스트레칭을 해야 한다. 근육이 긴장되어 있으면 부상을 입을 수 있다. 이런 점만 지키면 달리기는 가장 쉽게 건강을 지킬 수 있는 좋은 운동이다.

1 이 기사문의 중심 내용은 무엇인가요?

----

2 달리기를 하는 사람이 크게 늘어난 까닭은?

----

3 서울에 사는 직장인은 달리기를 하면 좋은 점을 무엇이라고 했나요?

----

4 달리기를 할 때 주의할 점이 <u>아닌</u> 것은? (   )

① 몸 상태에 알맞은 속도와 거리를 조절해야 한다.

② 자신에게 맞는 운동화를 선택해야 한다.

③ 달리기 전에 스트레칭을 해야 한다.

④ 운동법을 반드시 배워야 한다.

톡톡 문해력 독후감 다음 독후감을 읽고, 문제를 풀어 보세요.

> 도서관에 가니 표지에 바닷속 세상이 그려진 책이 있었다. 이 책은 프랑스 작가인 쥘 베른이 1870년에 쓴 《해저 2만 리》였다. 나는 바닷속을 탐험하는 다큐멘터리를 자주 볼 만큼 바다를 좋아한다. 꽤 두꺼운 책이었지만 재미있었다.
>
> 이 책의 주인공 아로낙스 박사는 조수 콩세유와 함께 항해하다가 배가 침몰해 고래잡이 네드와 함께 바다에 빠졌다. 이들을 구한 사람은 잠수함인 노틸러스호의 주인 네모 선장이었다. 네모 선장은 노틸러스호를 직접 만들었고, 바닷물로 전기를 만들어 쓰고 있었다. 아로낙스 박사는 네모 선장과 함께 인도양과 태평양, 남극해를 탐험했다. 하지만 노틸러스호는 거대한 소용돌이에 휘말리고 아로낙스 박사, 콩세유, 네드는 도망쳤다.
>
> 나는 이 책을 읽으면서 실제로 노틸러스호를 타고 바닷속을 여행하는 거 같았다. 특히 노틸러스호의 선원들과 대왕오징어 떼가 싸우는 장면이 가장 인상 깊었다. 아직도 바다는 미지의 세계라고 한다. 나도 언젠가는 바닷속을 탐험해 보고 싶다.

1 글쓴이가 읽은 책은 무엇인가요?

----

2 아로낙스 박사가 노틸러스호를 타게 된 까닭은?

----

3 글쓴이는 《해저 2만 리》에서 어떤 장면이 가장 인상 깊었다고 했나요?

----

4 밑줄 친 낱말의 뜻은? (   )

① 배를 보호함   ② 사람을 구조함   ③ 물속에 가라앉음   ④ 위로 끌고 감

정답

1장 씨글자

進 나아갈 진 |10~11쪽

1. 進
2. 1) 직진 2) 추진 3) 선진 4) 진행 5) 승진
3. 1) 매진 2) 진출 3) 진입 4) 진행
4. 1) 촉진 2) 진행 3) 진전 4) 진상
5. ③
6. 진퇴양난

情 마음 정 |16~17쪽

1. 情
2. 1) 열정 2) 정세 3) 정서 4) 정경 5) 진정
3. 1) 정 2) 표정 3) 심정 4) 냉정
4. 1) 정상 2) 동정 3) 진정 4) 감정
5. ④
6. 사정

갯벌 |22~23쪽

1. 갯벌
2. 1) 방파제 2) 방조제 3) 조류 4) 조수 5) 조차
3. 1) 갯벌 2) 간척지 3) 조석표 4) 갯
4. 1) 간척지 2) 하굿둑 3) 만유인력 4) 간조
5. ②
6. 1) 밀 2) 썰

環 고리 환 |28~29쪽

1. 環
2. 1) 화환 2) 색상환 3) 악순환 4) 순환선 5) 환동해권
3. 1) 화환 2) 순환 3) 친환경 4) 환경
4. 1) 환동해권 2) 환동해 경제권 3) 순환 4) 악순환
5. ③
6. ②

解 풀 해 |34~35쪽

1. 解
2. 1) 해금 2) 화해 3) 이해 4) 해소 5) 해산
3. 1) 해석 2) 해명 3) 해고 4) 와해
4. 1) 해결 2) 해열 3) 해탈 4) 해이
5. ③
6. 1) 해독 2) 해우소

結 맺을 결 |40~41쪽

1. 結
2. 1) 결론 2) 결빙 3) 결성 4) 결실 5) 결혼
3. 1) 결혼 2) 결국 3) 결실 4) 단결
4. 1) 단결 2) 결혼 3) 자매결연 4) 기승전결
5. ④
6. 1) 결실 2) 결성

씨낱말

직접 |46쪽

1. 직접
2. 1) 직면, 직시 2) 접근, 접촉 3) 인접, 근접 4) 접전, 접선
3. 1) 직설 2) 간접 3) 근접 4) 접점 5) 직면

능동 |47쪽

1. 능동
2. 1) 능동, 수동 2) 지능, 예능 3) 능력, 능통 4) 활동, 동원 5) 자동, 이동
3. 1) 능동 2) 재능 3) 지능 4) 능숙 5) 효능

토론 |52쪽

1. 론
2. 1) 논의, 논쟁 2) 토론, 반론 3) 논지, 논문 4) 서론, 본론
3. 1) 토론 2) 논란 3) 논점 4) 결론 5) 논리

상징 |53쪽

1. 상징
2. 1) 추상, 형상화 2) 현상, 인상 3) 징조, 징후 4) 특징, 징표
3. 1) 상징 2) 인상 3) 특징 4) 징조

재료, 자료 |58쪽

1. 1) 재료 2) 자료
2. 1) 목재, 철재 2) 재질, 소재 3) 자본, 자질 4) 식료품, 조미료
3. 1) 인재 2) 재질 3) 취재 4) 조미료

환경 |59쪽

1. 환경
2. 1) 환경, 경계 2) 악순환, 선순환 3) 곤경, 심경 4) 교육 환경, 일환
3. 1) 접경 2) 역경 3) 순환 4) 곤경

생산적 |64쪽

1. 적
2. 1) 즉흥적, 계획적 2) 부정적, 긍정적 3) 경제적, 생산적
3. 1) 정상적 2) 긍정적 3) 가정적 4) 자립적

개념 |65쪽

1. 개념
2. 1) 개요, 개략적 2) 위생 관념, 신념 3) 집념, 단념 4) 개념, 대개
3. 1) 전념 2) 염려 3) 관념 4) 개략적

환희 |70쪽

1. 환희
2. 1) 환영, 환송 2) 희극, 희비 3) 희색, 희열
3. 1) 환성 2) 애환 3) 환영식 4) 희소식 5) 희색

비통 |71쪽

1. 비통
2. 1) 비극, 비관 2) 비애, 비장 3) 분통, 통곡 4) 치통, 두통
3. 1) 비극 2) 참사 3) 애통 4) 참패 5) 참혹

어휘 퍼즐 |72쪽

2장 씨글자

比 견줄 비 |78~79쪽
1. 比
2. 1) 대비 2) 비견 3) 비등 4) 성비 5) 비중
3. 1) 비교 2) 대비 3) 비중 4) 즐비
4. 1) 비교 2) 비중 3) 비등
5. 비견
6. ②

假 거짓 가 |84~85쪽
1. 假
2. 1) 가량 2) 가불 3) 가건물 4) 가설무대 5) 가장
3. 1) 가발 2) 가명 3) 가성 4) 가장
4. 1) 가칭 2) 가장 3) 가설
5. ④
6. 1) 가봉 2) 가분수 3) 가면 4) 가장행렬

財 재물 재 |90~91쪽
1. 財
2. 1) 재물 2) 재수 3) 재원 4) 재력 5) 축재
3. 1) 축재 2) 재단 3) 재산 4) 재계
4. 1) 재물 2) 재테크 3) 손재수 4) 사재
5. ②
6. ②

遺 남길 유 |96~97쪽
1. 遺
2. 1) 유언 2) 유품 3) 뉴속 4) 유작 5) 유적
3. 1) 유언 2) 유품 3) 유실물 4) 유전자
4. 1) 유감 2) 유산 3) 유전
5. ③
6. 1) 유족 2) 유언 3) 유작 4) 유전

統 이끌 통 |102~103쪽
1. 統
2. 1) 대통령 2) 통솔 3) 통치 4) 통일 5) 혈통
3. 1) 전통 2) 통솔력 3) 통일 4) 통제
4. 1) 계통 2) 혈통 3) 전동 4) 통솔력
5. ④
6. 1) 혈통 2) 정통

計 셀 계 |108~109쪽
1. 計
2. 1) 총계 2) 계산 3) 회계 4) 집계 5) 계량
3. 1) 계량 2) 시계 3) 통계 4) 지진계
4. 1) 통계 도표 2) 집계 3) 합계 4) 간계
5. ②
6. 1) 계산 2) 집계

씨낱말

산과 염기 |114쪽
1. 산, 염기
2. 1) 산성, 산성비 2) 산소, 산화
3. 1) 염분 2) 염전 3) 산도
4. 리트머스 종이, 산성, 염기성, 중성

운동 |115쪽
1. 운동
2. 1) 원운동, 진자 운동 2) 환경 운동, 시민운동 3) 유산소, 무산소
3. 1) 자유 낙하 2) 활동 3) 조산 4) 호흡 5) 지진

대양, 대주 |120쪽
1. 오대양, 육대주
2. 1) 태평양, 대서양 2) 남미, 북미
3. 1) 인도양 2) 극지방 3) 동북아시아 4) 남아메리카
4. ②

헌법 |121쪽
1. 헌법
2. 1) 형법, 민법 2) 법제처, 법무부
3. 1) 헌법 2) 상법 3) 법원
4. 위헌 법률 심판, 법률 구조 제도

학문 |126쪽
1. 학문
2. 1) 학교, 태학 2) 국학, 국자감
3. 1) 서원 2) 향교 3) 성균관 4) 경당
4. 성리학, 실학

경전 |127쪽
1. 경전
2. 1) 목민심서 2) 삼국사기 3) 농사직설
3. 1) 경국대전 2) 팔만대장경

넓이 |132쪽
1. 넓이
2. 1) 넓이, 단위 넓이 2) 제곱, 거듭제곱 3) 밑넓이, 옆넓이
3. cm^2, cm^2, cm^2, cm^3

화음 |133쪽
1. 화음
2. 1) 음색, 음폭 2) 음계, 음표 3) 온음계, 반음계 4) 장음계, 단음계
3. 1) 구음 2) 시김새 3) 음질 4) 십이율

어휘 퍼즐 |134쪽

종합문제 |135~139쪽
1. ④ 2. ⑤ 3. ④ 4. ① 5. ⑤ 6. ③ 7. ② 8. ④ 9. ② 10. ②
11. ⑤ 12. ⑤ 13. ③ 14. ① 15. ① 16. ②

문해력 문제 |140~141쪽
1. 건강을 지키기 위해 달리기를 취미로 즐기는 사람이 많아지고 있다.
2. 운동화만 있으면 언제 어디서든 쉽게 할 수 있는 운동이기 때문에
3. 체중 관리를 하면서 직장에서 쌓인 스트레스를 해소할 수 있다고 했다.
4. ④

1. 《해저 2만 리》
2. 아로닉스 박사가 딴 배가 침몰해서 바다에 빠진 것을 노틸러스호의 주인 네모 선장이 구조해 주었기 때문에
3. 노틸러스호의 선원들과 대왕오징어 떼가 싸우는 장면
4. ③

집필위원

정춘수 권민희 송선경 이정희 신상희 황신영 황인찬 안바라

손지숙 김의경 황시원 송지혜 한고은 김민영

강유진 김보경 김보배 김윤철 김은선 김은행 김태연 김효정

박 경 박선경 박유상 박혜진 신상원 유리나 유정은 윤선희

이경란 이경수 이소영 이수미 이여신 이원진 이현정 이효진

정지윤 정진석 조고은 조희숙 최소영 최예정 최인수 한수정

홍유성 황윤정 황정안 황혜영

문해력 잡는 초등 어휘력 C-4 단계

글 송지혜 황신영 황인찬 이정희 송선경
그림 쌈팍 서춘경
기획 개발 정춘수

1판 1쇄 인쇄 2025년 1월 16일
1판 1쇄 발행 2025년 1월 31일

펴낸이 김영곤 펴낸곳 ㈜북이십일 아울북
프로젝트2팀 김은영 권정화 김지수 이은영 우경진 오지애 최윤아
아동마케팅팀 명인수 손용우 양슬기 이주은 최유성
영업팀 변유경 한충희 장철용 강경남 김도언 황성진
표지디자인 박지영 임민지

출판등록 2000년 5월 6일 제406-2003-061호
주소 (우 10881) 경기도 파주시 문발동 회동길 201
연락처 031-955-2100(대표) 031-955-2122(팩스)
홈페이지 www.book21.com

ⓒ (주)북이십일 아울북, 2025

ISBN 979-11-7357-054-4
ISBN 979-11-7357-036-0 (세트)

• 제조자명 : ㈜북이십일   • 제조연월 : 2025. 01. 31.
• 주소 : 경기도 파주시 회동길 201(문발동)   • 제조국명 : 대한민국
• 전화번호 : 031-955-2100   • 사용연령 : 3세 이상 어린이 제품